コンパクト経済学ライブラリ 7

コンパクト
日本経済論

原田 泰

新世社

編者のことば

　経済学の入門テキストは既に数多く刊行されている。それでも，そのようなテキストを手に取りながら，数式や抽象的理論の展開を目にしただけで本を閉じてしまう入門者も少なくない。他方で，景気回復や少子高齢化，労働市場の流動化，金融の国際化・ハイテク化，財政赤字の累増等，経済学に関係の深い社会問題自体には関心が高く，現実の経済現象が経済学でどのように捉えられるかという問題意識を持つ読者も多い。こうした傾向を捉え，いま，より一層の「わかりやすさ」「親しみやすさ」を追求したテキストの出版が求められている。

　これまで新世社では，「新経済学ライブラリ」をはじめ，「〈入門/演習〉経済学三部作」，「基礎コース［経済学］」等，いくつかの経済学テキストライブラリを公刊してきた。こうした蓄積を背景に，さらに幅広い読者に向けて，ここに新しく「コンパクト 経済学ライブラリ」を刊行する。

　本ライブラリは以下のような特長を持ち，初めて学ぶ方にも理解しやすいよう配慮されている。

1. 経済学の基本科目におけるミニマムエッセンスを精選。
2. 本文解説＋ビジュアルな図解という見開き構成によるレイアウトを採用。概念・理論展開の視覚的理解を図った。
3. 現実の経済問題も取り入れた具体的な解説。
4. 半年単位の学期制が普及した大学教育の状況に適した分量として，半期週1回で合計14回程度の講義数という範囲内で理解できるように内容を構成。
5. 親しみやすいコンパクトなスタイル。

　従来にないビジュアルかつ斬新で読みやすいテキスト・参考書として，本ライブラリが広く経済学の初学者に受け入れられることを期待している。

井 堀 利 宏

はじめに
―日本経済論とは何か―

　日本経済論とは，日本経済についての包括的な見方を教えるものである。日本で教えられる経済学では，当然，日本経済を経済学の論理で分析することになるが，どうしても理論を教えることに手を取られがちで，日本経済の事実についての説明が後回しになってしまうようだ。そのギャップを埋めるために，日本経済論という授業があるようだ。

　日本経済論の目的は，あくまでも日本経済について，経済理論に即した見方を教えることにある。しかし，経済理論を教えることとは反対に，本書は，まず事実から出発する。これは理論を重視しないことではない。事実から出発して経済理論の重要性を示したい，ということだ。

　世界には，なぜ豊かな国と貧しい国とがあるのだろうか（第1章）。また，同じ国があるときには発展していたのに，停滞してしまうのはなぜか。また逆に，停滞していた国が，あるときから急速な発展を始めることもある。日本も，急速な成長から，停滞へと変化した国だ。なぜそのようなことが起きたのだろうか（第2章・第3章）。

　あるいは，どの国も成長しながら変動している。景気は良くなったり悪くなったりする。なぜ経済は変動するのだろうか（第4章）。また，景気変動とともに，失業率が変化し，それに伴って物価が変動することもある。失業や，物価の持続的な上昇，インフレーションが好きな人はいない。なぜ失業率が変動し，インフレが起きるのだろうか（第5章）。

　成長や景気変動が重要だというのは，経済的豊かさが重要だと主

張していることになる。豊かさは重要ではないという人もいる。しかしそんな人も，日本が貧しくなったから年金や医療保険への政府支出を削るしかないといったら，賛成してはくれないだろう。豊かさは，すべての人にとって重要で，豊かさを維持するために何が必要かを考えることはきわめて重要だ。

　豊かさがどう分配されているかも重要だ。多くの人は，所得分配に関心がある。それがどのような状況にあり，なぜそのような状況にあるのかを考えよう（第6章）。

　日本の企業は世界に進出している。日本はグローバリゼーションの担い手だが，同時に，その荒波にさらされることを恐れてもいる。グローバリゼーションをどのようにとらえたらよいのだろうか（第7章）。

　さらに，日本の人口は減少していく。なぜ人口が減少するのか。人口減少が何をもたらすのかを考えよう（第8章）。

　これらの問題に，事実から出発して，理論的見方を説明し，どうしたらよいのかを考えていこう。理論の説明に関して，空理空論と思われる場合があるかもしれない。しかし，理論的な見方は重要である。

　石油価格が高騰すればインフレになると多くのエコノミストがいってきた。しかし，日本では石油価格が2003年に比べて2008年の7月には4倍以上にもなっているのに，消費者物価上昇率は2-3％である。石油価格が高騰した1973年の第1次石油ショック，1980年前後の第2次石油ショックのときには日本はそれぞれ30％，10％近いインフレになったのに，なぜ2008年では，インフレにならないのだろうか。

　ノーベル経済学賞受賞の経済学者，ミルトン・フリードマン（M.

Friedman；1912-2006）は，石油価格が上昇すれば，人々の石油以外のものに使うお金が減少する。したがって，石油以外のものに対する需要が減少し，それらの価格が下落する。それゆえ，石油価格が高騰しても財・サービス一般の価格は上がらない。すなわち，インフレにはならないと，1973年に指摘していた。30年以上も前，私がこの理屈を聞いたときには，すぐさま空理空論だと思った。現に，石油価格の高騰とともに日本の物価は急上昇していた。石油価格が上がっても，他のものの価格が下がるからインフレにはならないなどということがあるものかと思ったのである。

しかし，現在，石油価格が4倍に上がっても，日本のインフレ率は2-3％である。この空理空論は正しかったとしかいいようがない。なぜ空理空論のように思える理屈が正しかったのだろうか。それは，この理屈が，常識にとらわれず，「需要が減れば価格が下がる」という経済学のもっとも基本的法則に忠実だったからだろう。経済学の空理空論を馬鹿にしないで，もっと勉強しておけばよかったと，私は今になって後悔している。読者の方々も，私と同じ後悔をしないように，勉強していただきたいと思う。

本書の一部の章については，駒沢大学の飯田泰之氏と内閣府の堀雅博氏に有益な助言をいただいた。また，新世社の御園生晴彦氏は，本書をわかりやすく興味深いものにするために力を尽くして下さった。以上の方々に心から感謝申し上げる。

2008年11月

原田　泰

目　次

はじめに——日本経済論とは何か ……………………………………ⅰ

第1章　豊かな国，貧しい国　　1

豊かな国と貧しい国のある現実 ……………………………2
いつ豊かな国は豊かになったのか …………………………4
所得発散と収斂仮説 …………………………………………8
経済発展（成長）が起きるために何が必要か ……………12
1840年代からの中国経済……………………………………14
高成長の要因…………………………………………………16

第2章　同じ国が停滞し，また発展するのはなぜか(1)　　23
——成長会計による分析

なぜ成長率は変化するか……………………………………24
成長と停滞の現実……………………………………………24
成長会計という考え方………………………………………26
戦後日本の成長率を考える…………………………………28
1990年代の停滞をどう理解すべきか………………………32
なぜそれぞれの要因が変化したのか………………………38
バブル期の分析………………………………………………42

第3章　同じ国が停滞し，また発展するのはなぜか(2)　　47
——生産性の国際比較

主要国の一人当たりGDPの順位 …………………………48

産業ごとの生産性を国際的に考える……………………54
重要性を考えた生産性の比較……………………58
なぜイギリスは追いついていったのか……………………60

第4章 経済変動　65

なぜ経済は変動するのか……………………66
そもそも経済変動をどのように測るか……………………66
なぜ経済は変動するのか：ケインズの理解……………70
乗数が大きいのは，消費の仮定による……………………74
経済が変動する理由……………………78
経済変動はどれだけ重要か……………………84
オリンピック不況：乗数が小さいと思われる事例……86

第5章 失業とインフレーション　101

フィリップス・カーブ……………………102
オークン法則……………………108
物価の決まり方……………………112
マネーの増やし方……………………118
中国の影響……………………120
デフレを終わらすことの障害は何か……………………122

第6章 所得分配と格差社会　125

所得分配の重要性……………………126
格差社会を生む5つの可能性……………………126
高齢化に伴う所得分配の不平等化……………………128
若者の雇用悪化……………………130

目　次　　vii

　　グローバリゼーションの影響 …………………………136
　　均等法格差の誕生 ………………………138
　　地域間の所得格差は拡大したのか …………………142

第7章　グローバリゼーションはどれだけ重要か　147

　　グローバリゼーションと日本 …………………………148
　　貿易と富 ………………………………150
　　国際競争力はどれだけ重要なのか …………………152
　　生活水準を決めるのは輸出産業ではなく国内産業 …154
　　隣国の発展は日本を貧しくするのか …………………156
　　中国はどれだけお客であり，納入業者であるか ……160
　　隣国の発展の成果を取り入れることはどれだけ重要か…164
　　統合の利益 ………………………………166
　　アジアは経済共同体なのか …………………………168
　　統合の戦略的側面 ………………………176
　　統合と平和と繁栄 ………………………182

第8章　人口減少と少子高齢化　183

　　人口減少は問題なのか …………………………184
　　問題は人口ピラミッドが倒れてしまうこと …………188
　　子どもを増やせば解決するという幻想 ………………190
　　高齢化は，どれだけ心配すべきことか ………………194
　　公正な年金とはどういうものか ………………………198
　　高齢者同士の助け合いも必要 …………………………206
　　楽しい人口減少社会 ………………………208
　　財政はどうなるのか ………………………214

参考文献 …………………………………………221
索　引 ……………………………………………225

第1章
豊かな国，貧しい国

世界には豊かな国と貧しい国がある。もっとも豊かな国と貧しい国とでは，一人当たり所得の差は100倍以上の差がある。なぜこんなことが起きたのだろうか。豊かな国，貧しい国の個人を比べてみれば，それほどの違いがあるとは思えない。貧しい国の人々が豊かな国で成功することはよく見られる。個人の問題よりも，国ごとのシステムの違いに問題があるのだろう。

本章では，なぜ豊かな国と貧しい国が生まれたのか。貧しい国が豊かになるためには何が必要なのかを考えていきたい。

豊かな国と貧しい国のある現実

表1-1は世界のさまざまな国の一人当たりの所得を示したものである。ここで一人当たりの所得は，為替レートではなく2006年のアメリカの**購買力平価ドル**である。通常，異なる国の所得を比べるときには，為替レートが用いられるが，ここでは**購買力平価**（コラム参照）を使っている。

世界銀行の統計（2007年版）では，1位から208位までの一人当たり国民総所得（GNI）が掲載されているが，ここでは1位から10位ごとの国と最下位の209位の国，G7諸国（アメリカ，日本，ドイツ，イギリス，フランス，イタリア，カナダ），ASEAN4（インドネシア，タイ，フィリピン，シンガポール），韓国，香港，BRICs（ブラジル，ロシア，インド，中国）の国を選んだ。私たちが日常，ニュースで見る国を入れて，具体的なイメージをもってもらうためである。

1位ルクセンブルクの63,590ドル（2007年のドル価格），10位アメリカの45,850ドル，28位日本の34,600ドルに対して，122位中国の5,370ドル，154位インドの2,740ドル，200位モザンビークの690

豊かな国と貧しい国のある現実　　　　3

表1-1　2007年の一人当たりGNI（購買力平価）

順位	国，地域	ドル	順位	国，地域	ドル
1	ルクセンブルク	63,590	80	ボツワナ	12,420
5	ノルウェー	53,320	90	コスタリカ	10,700
9	シンガポール	48,520	98	ブラジル	9,370
10	アメリカ	45,850	100	マケドニア	8,510
12	香港	44,050	101	タイ	7,880
20	バーレーン(2006年)	34,310	110	エクアドル	7,040
23	カナダ	35,310	120	エルサルバドル	5,640
28	日本	34,600	122	中国	5,370
30	アイスランド	33,960	130	トルクメニスタン(2006年)	4,350
31	イギリス	33,800	141	フィリピン	3,730
32	フランス	33,600	144	インドネシア	3,580
33	ドイツ	33,530	150	モルドバ	2,930
39	イタリア	29,850	154	インド	2,740
48	イスラエル	25,930	160	キリバチ	2,240
51	韓国	24,750	170	タジキスタン	1,710
52	サウジアラビア	22,910	181	チャド	1,280
60	ポルトガル	20,890	189	ネパール	1,040
70	クロアチア	15,050	200	モザンビーク	690
73	ロシア	14,400	207	コンゴ民主共和国	290
74	マレーシア	13,570	207	リベリア	290

（データ出所）Development Indicators database, World Bank, 14 September, 2007.
原則として1位から10位ごとの国と最下位の208位の国，G8諸国，ASEAN4，韓国，香港，BRICsを選んだ。

コラム　購買力平価と為替レート

　為替レートでは，貿易されているものの価格が各国で同じになるよう動く。そうすると，為替レートは輸出産業の生産性が強く反映される。しかし，労働サービス，家賃サービスなどは貿易されないので，貧しい国では価格が低く，豊かな国では価格が高くなる傾向がある。典型的には，理髪料は，設備の豪華さを勘案しても，豊かな国のほうが労働コストを反映して高くなるだろう。
　このような物価の違いを考慮して，異なる国の生活レベルを比べることができるように評価したものが購買力平価（Purchasing Power Parity；PPP）での一人当たりGDP（国内総生産）である。ここでは世界銀行の統計を用いているので，GDPではなくてGNI（国民総所得）を用いている。GDPとは，国内で生産された付加価値であるがGNIはGDPに「海外で得られた所得－国内で海外に支払われた所得」を足したものだ。グローバル化の進展とともに，この差が大きくなっている。

ドル，207位コンゴ民主共和国とリベリアの290ドルと大きな差がある。

しかも，所得を推計できる国はまだよいのであって，その下に，所得の推計も難しい，さらに貧しい国がある。実際に，世界銀行の統計（2007年）では，人口など何らかのデータが記載されている国が227カ国あるが，GDP統計が記載されている国は，前述のように208カ国しかない。207位のリベリアと1位のルクセンブルクの間で219倍の差がある。日本と比べても119倍の差がある。日本とインドと比べても12.6倍，日本と中国と比べても6.4倍の差がある。なぜこれほどの差があるのだろうか。また，この差はいつ生まれたものだろうか。

● いつ豊かな国は豊かになったのか

図1-1は，アメリカ，日本，ドイツ，フランス，イギリス，メキシコ，旧ソ連，ブラジル，中国，インドネシア，インドについて，1500年，1600年，1700年，1820年，1870年，1950年，2004年の一人当たり実質GDP（1990年アメリカ購買力平価で表示）を示したものである。出所が異なり，数字は表1-1と厳密に整合的ではないが，同じような傾向にはなっている。

一番右の棒グラフが2004年の値を示しており，世界には豊かな国と貧しい国があることがわかる。2004年で，これらの国の中で一番貧しいのはインドだが，アジアやアフリカにはもっと貧しい国がある。そのような国を入れなかったのは，1820年以前のデータがなかったからである。

次に一番左の棒グラフを見てほしい。これは1500年の一人当たり実質GDPを示している。1500年では世界は一様に貧しかった。

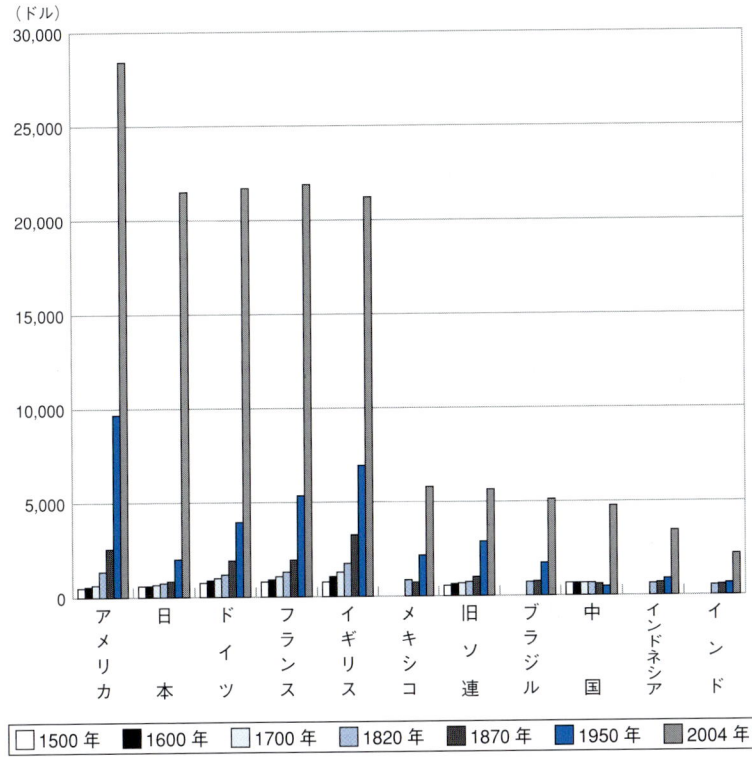

図1-1 豊かな国と貧しい国の出自

(データ出所) アンガス・マディソン，金森久雄監訳，政治経済研究所訳『経済統計で見る世界経済2000年史』柏書房，2004年，Penn World Table 6.2
2000年以降はPenn World Tableにより延長推計。

1600年，1700年でも同じで，当時もっとも豊かなイギリスでも，もっとも貧しい国の2倍にすぎなかった。1820年には，豊かな国と貧しい国が生まれたが，その差は小さいことに注目してほしい。2004年では，もっとも豊かなアメリカともっとも貧しいインドでは13.3倍の開きがあるが，1820年ではもっとも豊かなイギリスともっとも貧しいインドで3.2倍の開きしかなかった。

　イギリスの産業革命は1760年代から1830年代に起こったといわれている。「革命」は緩慢な長期の過程であって，革命と呼べるようなものではなかったともいわれているが，ともかくこの70年間には生活水準の大幅な上昇があった。1700年ごろまでは，イギリスとインドの一人当たり実質GDPの格差は小さかった。全世界の人々は，ほとんど一様に貧しかった。ところが産業革命の時代を経て，格差が拡大したのだ。

　考えてみると，この格差は不思議なほど大きい。アメリカとインドの格差は13.3倍であるが，個々のアメリカ人とインド人の差がこれほど大きいとは思われない。最近の，インド式計算法のブームでもわかるように，個々のインド人は結構優秀ではないか。中国人留学生の勉学に対する熱心さを見れば，個人の能力でこれほどの差があるとは思われない。

　経済力が団体競技の強さのようなものであるとしても，バレーボールやバスケットで日本はとうてい中国に敵わない。野球とサッカーなら日本のほうが強いが，野球はともかく，サッカーでは，いずれ勝てなくなる気がする。

　要するに，1700年ごろ，世界はほとんど一様に貧しかった。ところが，その後300年で，世界のある国は豊かになり，他の国は貧しいままだった。現在，豊かな国は豊かになったのだが，現在，貧

表1-2　各地域の主な出来事（1820年・1870年・1950年・2004年）

■1820年前後
ヨーロッパ　1814年　スティーブンソン蒸気機関車を発明（英）
アメリカ　　1812年　米英戦争
アジア　　　1819年　英，シンガポールに植民地建設
日　本　　　1821年　伊能忠敬「大日本沿海輿地全図」完成

■1870年前後
ヨーロッパ　1870年　普仏戦争
アメリカ　　1861年　南北戦争
アジア　　　1877年　英，インド帝国設立
日　本　　　1868年　明治維新

■1950年前後
ヨーロッパ　1948年　西欧連合（ブリュッセル）条約調印
アメリカ　　1952年　水爆実験成功
アジア　　　1949年　中華人民共和国成立
日　本　　　1951年　サンフランシスコ講和条約

■2004年前後
ヨーロッパ　2004年　EU25カ国体制始まる
アメリカ　　2004年　財政赤字4,122億ドルに
アジア　　　2004年　胡錦濤・温家宝体制へ
日　本　　　2004年　郵政民営化の基本方針決定

しい国は貧しくなったのではなく，貧しいままだったのだ。なぜそんなことが起きたのだろうか（表1-2参照）。

所得発散と収斂仮説

同じことを別のグラフで見てみよう。図1-2は，横軸に1820年の一人当たりGDP，縦軸に一人当たり実質GDPの1820年から1870年までの年平均成長率を示したものである。グラフには傾向線が引いてあるが，それは右上がりとなり，出発時点で豊かな国ほど成長率が高いという傾向があることがわかる。すなわち，豊かなものはますます豊かになり，貧しいものはますます貧しくなるという傾向があった。

図1-3は同じ図を1870年から1950年までで描いたものである。時代が新しくなるにつれて，データのある国が増えるので国の数が増える。今度も，豊かな国ほど成長率が高いという関係が残っているように見える。

出発時点が低くて成長率が低い国を見ると，インドネシア，タイ，インド，中国とアジアの国が占めている。中国は戦争と内乱によって疲弊していたが，そうでないアジアの国も成長率が低かった。「アジア的停滞」という言葉があったが，それは現実であったといってもよいだろう。アジア的停滞の国を除くと，豊かな国ほど成長率が高いという関係は消滅するように見える。

図1-4は1950年から2004年までを見たものである。今度は，豊かな国ほど成長率が高いという傾向は消滅する。

本来なら，貧しい国ほど成長率が高いという関係があっておかしくない。まず，産業革命によって一部の国が豊かになり始めたのに，他の国は手をこまねいていた。しかし，豊かさは多くの人々にとっ

所得発散と収斂仮説　9

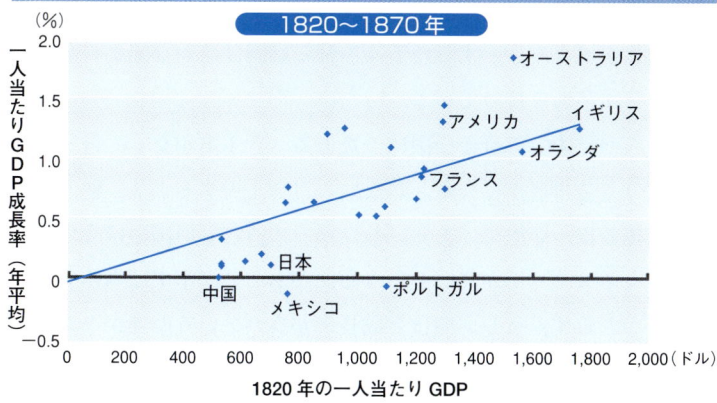

図1-2　期首の一人当たりGDPと成長率の関係（1820～1870年）

（データ出所）　アンガス・マディソン，金森久雄監訳，政治経済研究所訳『世界経済の成長史 1820-1992年』東洋経済新報社，2000年
$y = 8E-06x - 0.0004$　$R^2 = 0.7184$

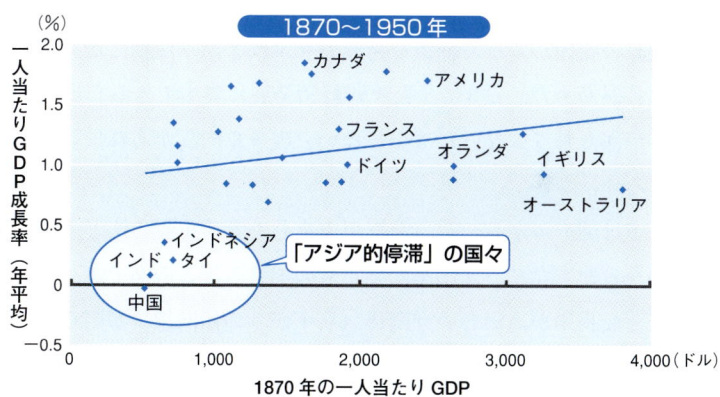

図1-3　期首の一人当たりGDPと成長率の関係（1870～1950年）

（データ出所）　図1-2と同じ
$y = 1E-06x + 0.0087$　$R^2 = 0.0577$

　R^2とは，変数間にどれだけ強い関係があるかを示す指標で0と1の間の値をとる。1に近いほど関係が強いことを示す。

て，望ましいものである。貧しい国の人々も，豊かな国を真似て，自らも豊かになろうとするだろう。貧しい国は豊かな国から多くのことを学ぶ余地を持っている。

　ところが，すでに豊かな国は，真似るべき手本がなく，自分自身の工夫でさらに豊かになるしかない。自ら工夫するより，他人の成功を真似るほうが簡単である。したがって，貧しい国のほうがより豊かになるスピードが高いという傾向があるのが本来は当然である。にもかかわらず，貧しい国ほど成長率が高いという関係がなかなか現れないのはなぜだろうか。

　ここでは3つの条件がある。第1は，貧しい国が，豊かな国を真似ることができるだけのレベルに達していることである。出発点の格差があまりにも大きければ，真似ることもできないだろう。第2に，正しい真似方をすることである。共産主義は，巨大な機械の導入や民衆の動因によって経済を発展させようという運動だが，それは失敗に終わった。第3に，人々が経済発展に集中できるだけの安寧秩序が保たれていなければならない。戦争や内乱があれば経済発展どころではない。

　図1-5は図1-4から，誤った真似方をした共産主義の国と内乱などが多かったアフリカ諸国を除いたものである。この図では，貧しい国ほど成長率が高いという関係（右下がりの傾向線）が明らかである。

　貧しい国ほど一人当たり実質GDPの成長率が高いという考えは**所得収斂仮説**と呼ばれる。貧しい国ほど成長率が高ければ，やがて国ごとの一人当たり所得の格差は縮まり，同じ所得に収斂するだろうからだ。この所得収斂仮説は，真似ることを困難にする要因を除外すれば成立することが，繰返し確認されている（さらに勉強した

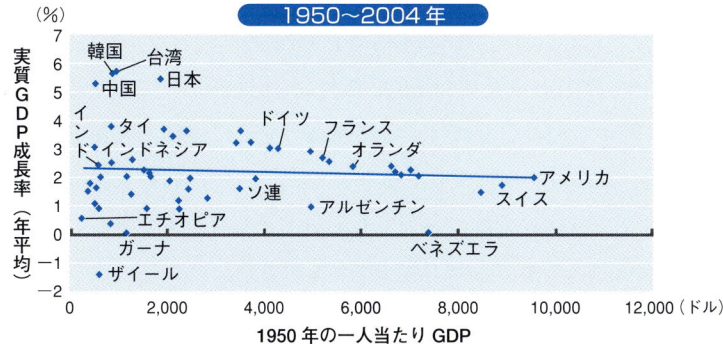

図 1-4　期首の一人当たり GDP と成長率の関係（1950〜2004 年）

（データ出所）　アンガス・マディソン，金森久雄監訳，政治経済研究所訳『世界経済の成長史 1820-1992 年』東洋経済新報社，2000 年，Penn World Table

1992 年または 94 年まではマディソン，95 年以降は Penn World Table により延長推計。一部の国は最新のデータになっていない。
$y = -4E-07x + 0.0234 \quad R^2 = 0.0043$

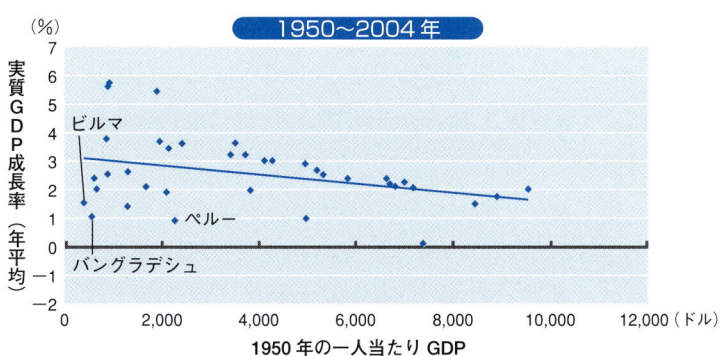

図 1-5　期首の一人当たり GDP と成長率の関係（1950〜2004 年，アフリカ，共産圏を除く）

（データ出所）　図 1-4 と同じ
$y = -2E-06x + 0.0317 \quad R^2 = 0.1199$

い読者はバロー（2001），ジョーンズ（1999）を読まれたい）。

ただし，収斂するといっても，きわめて時間のかかる過程であることを注意しておきたい。図1-5で1,000ドルの国の成長率は3.1％，10,000ドルの国の成長率は1.6％である。1,000ドルの国の成長率3.1％が続いても（実際には，所得が高くなるにつれて成長率が低下する），10,000ドルになるまで76年かかる。所得収斂仮説は，第6章で説明する所得分配においても応用できる考え方である。これをどう応用するかについては第7章を参照されたい。

● 経済発展（成長）が起きるために何が必要か

なぜ欧米において産業革命とその伝播が起こり，他の国には起きなかったのか。あるいは，遅れたのか。遅れながらも，日本に伝播し，やがてアジアに伝播したが，アフリカの多くの国で伝播しなかったのはなぜか（ただし，最近では，アフリカにも発展の波が波及しているようだ）。この壮大な問いに答えるのは難しいが，ノース（D. North）などは私的所有権の確立が重要であると議論している。バーンスタイン（W. J. Bernstein）は，ノースなどの分析をわかりやすくまとめて，経済成長には，私有財産権，自由権，法の支配，科学的合理主義を可能にする知的寛容さ，資本市場（借入を含む）が重要だという（バーンスタイン（2006））。私の考えを追加して整理すると表1-3に挙げる通り，経済成長には，6つのポイントがある。このような枠組みに沿って考えてみることが必要だろう。

現実には，多くの国が経済発展に参加することがなかった。富は権威を生み，既存の権威とは相反する場合がある。日本を含むアジアのみならず，西欧においても新しい富は忌避されることがあった。スペインは16世紀から17世紀前半にかけて，新大陸からの金と銀

表1-3　**経済成長の条件（バーンスタインなどによる）**

1．私有財産の保護：創造した富が保護されなければ，誰も富を創造しない。私有財産の保護がまず重要である。

2．イノベーションがなされること：富の創造は，新しいことを行うことである。新しい試みが禁止されないことが重要である。新しい試みから技術が生まれる。

3．合理的思考：技術の基礎は科学にある。合理的思考が必要である。

4．債権債務の制度化：富の創造のために資金が集められることが必要である。資本が集められるためには，債権債務の関係が明確でなければならない。私有財産の保護はここでも重要である。私有財産を担保にできる制度は，債務の規模を広げることができる。

5．参加の自由：より多くの人々が富の創造過程に参加すること。明治時代の日本は封建時代の身分制を打破して，誰もが富の創造に参加できるようにした。

6．開放性：発展している国の制度，技術へ自由にアクセスできること。

の略奪によって富を蓄えたが，その後，富を創造する経済発展という営みに参加することはなかった。スペインが経済発展を始めるのは，1970年代以降のことである。

● 1840年代からの中国経済

もっとも興味深い事例は中国だろう。1840年の世界に立ち戻って，なぜ中国の経済発展が遅れたかを考えてみたい。

1840年，アヘン戦争勃発当時の中国経済を見てみよう。図1-6で見るように1840年では中国の一人当たりGDP（以下，煩雑さを避けるために購買力平価GDPを単にGDPと呼ぶ）はアメリカ，イギリスよりも小さかった。確かに，中国の値は低いが，人口が圧倒的に多いので，国力を表す購買力平価GDP，すなわち一人当たり購買力平価GDP×人口はイギリスやアメリカ以上のものだった。

このことを示したのが図1-7（p.17）である。1840年で，中国のGDPはアメリカの6.6倍，イギリスの4.1倍，日本の9.1倍だった。アメリカのGDPは1890年代に中国を追い抜いたと見られるが，日本のGDPが中国を上回ったのは1960年代のことである。それも70年代末，中国が改革開放路線に転換してからは，急速に追い上げられ，90年代には逆転されている。

ただし，マディソン（A. Maddison）のデータでは1999年までしかないので，それ以降は世界銀行のデータで補間した（世界銀行では2008年に中国の数値を引き下げたが，ここではこの改訂を反映していない。この改訂を受け入れるとどのようなストーリーが描けるかは原田（2008）参照）。

いずれにしても，19世紀，ないしは戦前期，中国はこのような発展または経済規模の大きさを反映して，世界経済において一定の

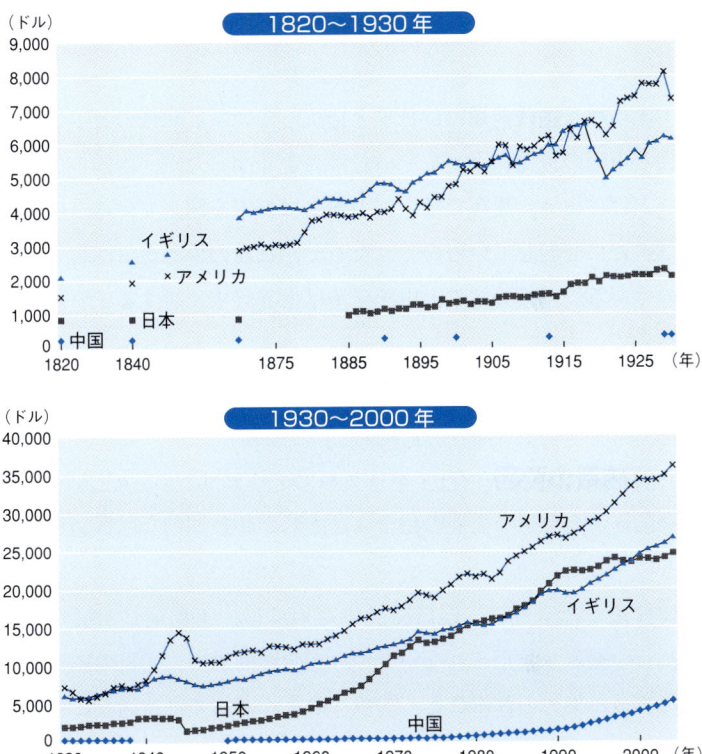

図 1-6 中国，アメリカ，イギリス，日本の一人当たり実質購買力平価 GDP の推移

(データ出所) アンガス・マディソン，金森久雄監訳，政治経済研究所訳『世界経済の成長史 1820-1992 年』東洋経済新報社，2000 年，同『経済統計で見る世界経済 2000 年史』東洋経済新報社，2004 年，World WorldBank, *World Development Indicator*
2000 年以降は世界銀行データの伸び率で補間したもの。1840 年のデータは，筆者が線形補間したもの。マディソンの新データを用いたが，旧データで補間したところがある。

地位を占めていた。

急速な回復

図1-8（p.19）は中国と主要国の輸出の世界に占めるシェアを表している。

中国の輸出は戦前期には日本と拮抗していた。戦後の日本の高度成長と中国の停滞によってその差は大きくなったが，中国の急速な追い上げにより，現在では中国の輸出は日本を越えている。中国経済は新たに発展しているのではなくて，長期の停滞から回復しているのである。回復の結果，中国経済は世界経済に対するインパクトを高めている。

では，中国経済がなぜ急速な回復をしているのか。

高成長の要因

中国経済の急速な発展の秘密は，それが超長期的な回復過程にあるということだ。

前に述べたように，経済発展のためには，①創造した富の保護，②新しい試みが禁止されないこと，③合理的思考，④富の創造のために資金が集められること，⑤多くの人々が富の創造過程に参加すること，⑥発展している国の制度，技術へ自由にアクセスできること，の6つが必要である。70年代の末に改革開放路線が採用され，人々が創造した富を国家が奪うことはなくなり，海外の制度や技術を学ぶことは奨励されるようになった。

中国のような停滞していた経済は，先進的な経済の持つ，優れた制度，高い技術と知識を利用できる。制度と技術の遅れは，むしろ高成長の要因である。すなわち，中国は典型的なキャッチアップ（追いつき）型の成長をしているのである（図1-9，p.19）。

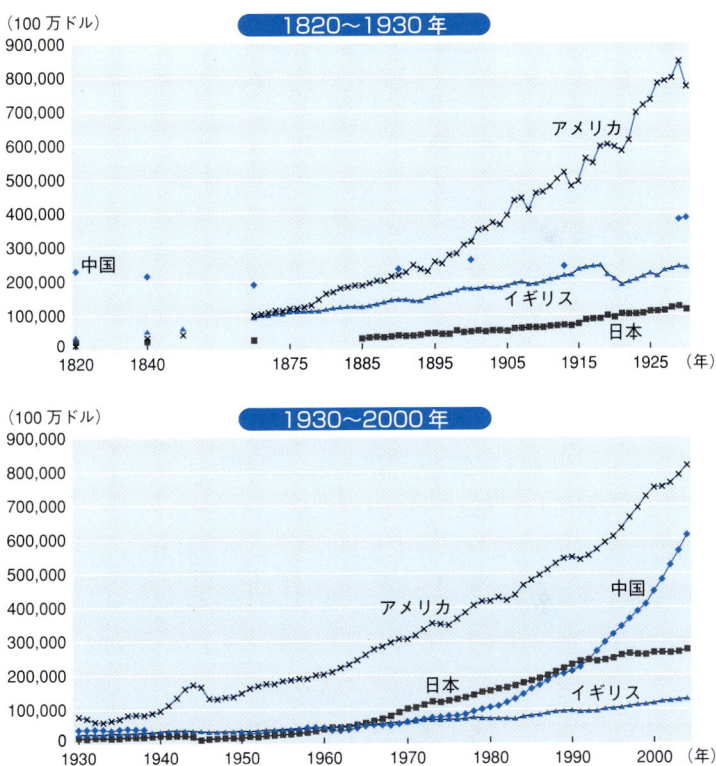

図 1-7　中国，アメリカ，イギリス，日本の実質購買力平価 GDP の推移
（データ出所）　図 1-6 と同じ

キャッチアップのための条件

現実の世界を見ると，キャッチアップできる経済とできない経済がある。

キャッチアップするために第1に必要なことは，キャッチアップしなければならないと認識することである。中華人民共和国の建国以来1970年代末まで，中国がキャッチアップできなかったのは，ナショナリズムと共産主義のイデオロギーによって，そのことが制約されていたからだ。しかし，その制約は70年代末の，改革開放路線が取り払った。

第2に必要なのは，キャッチアップの必要性に気づき，そのために努力した人々に報酬が支払われることだ。富の創造が搾取ではないと認識され，尊重され，私的所有権が保護されることだ。キャッチアップの必要性に気づくためには，人々に自由が与えられなければならない。中国はすでに，開放され，経済的自由があり，キャッチアップを利用して創造された富が保護されている。

第3には，キャッチアップするために，人間と資本を投入することである。すなわち，経済発展の秘密は，自由な人々が開放された情報の下に，キャッチアップの必要性に気づき，それを利用して富を創造することである。より多くの人々がキャッチアップの必要性に気づき，より多くの資源を投入することである。

中国は，現在めざましい発展を遂げている。その理由は，先進工業国との差，キャッチアップの余地が大きいことを利用しているからだ。発展は続くが，発展は必然的にキャッチアップの余地を縮小させる。したがって，成長率はやがて低下するだろう。それは，キャッチアップ型の発展を遂げてきた日本，香港，シンガポール，台湾，韓国などが皆経験してきたことだ。

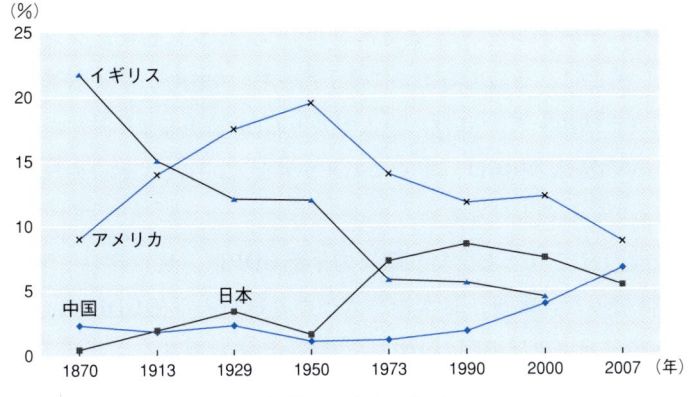

図1-8 世界輸出に占める中国のシェア

(データ出所) 1973年以前はアンガス・マディソン、金森久雄監訳、政治経済研究所訳『世界経済の成長史 1820-1992年』東洋経済新報社、2000年、1990年以降はIMF, *IFS*
世界の1929以前はアフリカを除く。

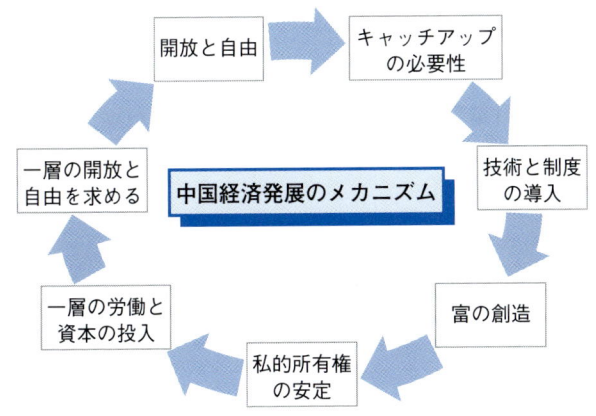

図1-9 中国経済発展のメカニズム

中国経済の可能性

中国，台湾，シンガポール，香港はいずれも中国人の国家である。

中国は70年代末以降，豊かになりつつあるが，台湾，シンガポール，香港は，その当時すでに豊かだった。中国が，ごく普通の経済制度を採用していれば，一人当たりGDPは現在2万ドルあるのが当然である。中国は，すでにアメリカを追い抜く世界一の経済力を持っていることになる。

戦前の日本の一人当たり購買力平価GDPは，せいぜい中国の2～3倍だった。戦後，日本の一人当たり購買力平価GDPが，ピークの70年代末には中国の9倍にまでなったのは異常なことだ（現在は6倍程度）。一時期の中国が，あまりにも非効率な経済制度を採用したことの後遺症としかいいようがない。

あるいは，戦前には，韓国と北朝鮮の一人当たりGDPは同じだった。ところが，現在では，10倍以上の差がついている。北が，あまりにも非効率な制度を採用したからだ。中華人民共和国の建国以来，改革開放路線を採用していれば，中国の一人当たりGDPは，とっくの昔に日本の2分の1以上になっていてしかるべきである。

コラム　明治の日本人は何を認識したか：キャッチアップ論の一般的な正しさ

　徳川幕府は新しい試みを禁じた。それどころか，あえて技術の退行をもたらした。戦国時代，日本は世界最大の鉄砲生産国であったにもかかわらず，鉄砲技術を封印し，刀と槍が武士に相応しい武具とした。それが秩序を守るのに都合がよかったからだろう。

　幕末に黒船と大砲を見た日本人は，すぐさま過去の考えを捨てた。技術は導入しなければならない。導入した人々には報酬が与えられなければならない。創造した富は保護されなければならない。西欧の技術を体化した機械を購入することは多額の費用がかかる。その費用を賄うためには，多くの人々から資金を集めなければならない。すなわち，金融制度が重要だ。多くの人が，経済発展に参加することが重要だ。そのためには，身分制度を廃し，才能ある人々の活躍を許す必要がある。さらに，教育を普及して，才能ある人々を見出すこと，人々の能力を高めること，すべての人々が経済発展の過程に参加する必要がある。

　これだけのことのすべてあるいは一部を理解し，実行すれば，ともかく発展は始まるだろう。発展を追いかけるものは，すでに発展したものよりも速い速度で成長することができるだろう。

第2章
同じ国が停滞し，また発展するのはなぜか（1）
―― 成長会計による分析

なぜ成長率は変化するか

同じ国があるときは成長し，また停滞することがある。第1章で述べた中国の例は，その極端なものだ。経済発展とまったく反する制度を採用していた国が，それほど酷(ひど)くない制度を採用するとどうなるかを劇的に示した例だろう。

しかし，それほど極端ではない例もある。日本の場合も，戦後の10％の高度成長から3％あまりの安定成長になり，90年代には1％成長と停滞し，2002年以降2007年まで2％成長に戻っている。なぜこのように成長率が変化したのだろうか。それを成長会計という方法を中心に考えてみよう。

成長と停滞の現実

図2-1は1955年から現在までの日本の実質GDP（2000年価格）を実数とその対数値で示したものである。同じ成長率で成長していても，実数のグラフでは成長が加速しているように見える。

その理由は表2-1の数値例を考えてみれば明らかだ。今1年目の初期値を100兆円として，1年の成長率が10％で推移したとすると，1年目から5年目までの値は100兆円から146.4兆円のようになる。前期との差は，だんだん大きくなっていることがわかる。すなわち，グラフの傾きはだんだん大きくなる。このように，実数のグラフで成長が加速しているように見えても，成長率自体は変わっていないことがある。

図2-1にある対数のグラフにすると，成長率が一定なら傾きは一定になり，このような勘違いをすることはない。日本は1955年から70年代の初期まで高い成長をしてきたが，70年代に成長率が低下し，さらに90年代にも成長率が低下した。しかし，2000年代に

図 2-1 実質 GDP の推移（実額と対数値）

（データ出所）内閣府「国民経済計算」
対数は底を 10 としている。

表 2-1 数値例：成長率と成長額

(単位：兆円)

1 年	2 年	3 年	4 年	5 年
100	110	121	133.1	146.4
前期との差	10	11	12.1	13.3

＊初期値を 100 兆円とし，10％で成長するとする。

なって，成長率がわずかながら上昇したことがわかる。

🔵 成長会計という考え方

このような成長率の変化はなぜ生じたのだろうか。成長率の変化を，**成長会計**という方法で分析してみよう。

現在のGDPは**資本**と**労働**とそのときの**技術水準**で決定されると考えることができる。より多くの資本（機械や建物）を使えば，より多くのものを生産できるし，より多くの労働者（人）が働けば，より多くのものを生産できる。そのときの技術水準とは，やや微妙な概念だが，技術水準が高ければ，同じ資本と労働でもより多くのものを生産できると考えることができるだろう。したがって，GDPをY，資本をK，労働をL，さらに技術水準を表す係数（これを**全要素生産性**（Total Factor Productivity；**TFP**）という）をAとして，

$$Y = A \times F(K, L)$$

と表せる。ここで$F(\ )$は関数であるが，この関数形をコブ=ダグラス型の関数（コラム参照）であるとして

$$Y = AK^{1-\alpha}L^{\alpha}$$

となる。ただし，$0<\alpha<1$とする。両辺の対数（ln）を取ると

$$\ln Y = \ln A + (1-\alpha)\ln K + \alpha \ln L$$

これらを時間に関して微分すると

$$\frac{\Delta Y}{Y} = \frac{\Delta A}{A} + \frac{(1-\alpha)\Delta K}{K} + \frac{\alpha \Delta L}{L}$$

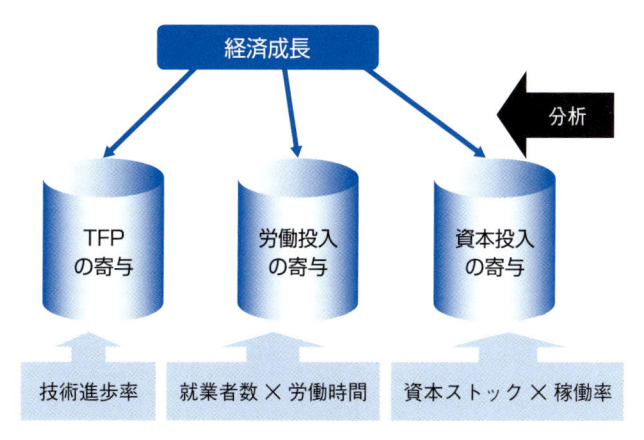

図 2-2 成 長 会 計

コラム　コブ=ダグラス型の関数

「コブ=ダグラス」の名は，アメリカの経済学者で上院議員であったダグラス（P. Douglas）と数学者コブ（C. Cobb）に由来する。ダグラスが1920年代のアメリカにおいて国民所得（Y）の資本（K）と労働（N）に対する分配率が長期にわたってほぼ一定であることに注目し，コブがこのような事実と矛盾しない関数として，

$$Y = AK^{1-\alpha}L^{\alpha}$$

という関数を導出した。Aは定数，αは労働の，$1-\alpha$は資本の取り分の相対的シェアで，一定である（以上は，井堀（2004）による）。

たとえば$A=1$，$\alpha=\frac{1}{2}$，$K=4$，$N=9$とすると

$$Y = 4^{\frac{1}{2}} + 9^{\frac{1}{2}} = \sqrt{4} + \sqrt{9} = 2 + 3 = 5$$

なので5単位の生産物が作られる。

コブ=ダグラス型の関数は数多くの実証研究により，製造企業における現実の活動を表現するのに妥当であるといわれている。

となる。ここで⊿は時間に関しての変化を表すので，$\frac{\varDelta Y}{Y}$ などは成長率を表す。したがって，

> GDPの成長率＝技術進歩率＋$(1-\alpha)$資本の成長率＋α労働の成長率

となる。ここで α は労働への分配率を，$1-\alpha$ は資本への分配率を表す。すなわちGDPの成長率を技術進歩率（全要素生産性（TFP）上昇率と呼ばれる）と資本の成長率と労働の成長率に分解できることになる。それぞれの要素の成長への寄与に応じて，賃金と利潤が分配されるわけである。ここでGDPは実質GDPのことである（第4章参照）。資本と労働と α（労働分配率）についてはデータがある。これのデータを入れると，全要素生産性上昇率が逆算できる。

戦後日本の成長率の変化を考える

戦後日本の成長率の変化を成長会計で分解してみると，たとえば次のようになる。

表2-2に見るように，1955年から70年まで実質GDPは10％前後で成長してきた高度成長時代である。そのうち，労働の寄与は，一番高かった1955〜60年で1.5％，1960〜70年を平均すれば，10％成長では無視できる程度である。資本の寄与は3-5％，半分がTFPによる。

ところが，70年代半ばから90年の中成長期には，成長率が3-4％に低下した。労働の寄与は高度成長期とあまり変わらず，資本の寄与がそれ以前の3-5％から2-4％に低下したこと，TFPの寄与が，それ以前の4-5％から1％に低下したことが高度成長期から中成長期になった大きな理由である。

表 2-2 成長会計

(単位：%)

年	実質 GDP 成長率	TFP の寄与	資本の寄与	労働の寄与	労働生産性の上昇率
1955-60	8.4	3.7	3.2	1.5	6.0
1960-65	8.8	4.4	4.5	−0.2	9.1
1965-70	10.5	4.9	5.1	0.5	9.6
1970-75	4.4	1.0	4.1	−0.7	5.6
1975-80	4.3	1.0	2.5	0.8	2.9
1980-85	3.3	0.2	2.5	0.6	2.4
1985-90	4.5	1.2	2.6	0.8	3.2
1990-95	1.5	−0.3	2.0	−0.2	1.8
1995-00	1.0	0.2	1.1	−0.3	1.5
2000-05	1.3	1.2	0.6	−0.5	2.1

(データ出所) 内閣府「国民経済計算」，厚生労働省「毎月勤労統計調査」，総務省「労働力調査」
資本ストックは民間企業資本ストック（進捗ベース），労働は常用雇用指数 × 労働時間指数。1969 年以前の労働時間は製造業，70 年以降は調査産業計，1969 年以前の雇用指数は就業者数。労働分配率は 0.6 を仮定。

本文中で，「たとえば」と書いたのは，資本は民間資本だけを考慮して社会資本を考慮しなくてよいのか，資本と労働についてその質を考慮しなくてもよいのか，労働時間は正確に計測できているのか，労働分配率は実際には変化しているが一定の値を入れてよいのかなど，さまざまな問題があるからである。ここではなるべく簡単な方法で成長率を分解してみた。どのデータを用いたかについては，表の注を参照されたい。

90年代は停滞期である。3-4％成長が1-1.5％成長に低下してしまった。1％のTFPの寄与がほぼ0％になったこと，2％以上だった資本の寄与が1-2％になってしまったこと，1％弱だった労働の寄与がマイナスになってしまったことが原因として挙げられよう（2000～05年のことについては後述する。なお，表には労働生産性の上昇率も示してあるが，これは第8章で使うためである）。

要するに，戦後の日本経済は**2回の成長屈折**を経験している。70年代と90年代である。まず，70年代の屈折を考えよう。

1970年代の成長屈折は何ゆえか

多くの人々は，1970年代の成長率低下は，石油ショックのためであると考え，解明の必要な大問題であるとは考えていなかった。しかし，石油ショックでは70年代の成長率低下を説明できない。

第1に，石油ショックの負の影響は産油国以外のすべての国が経験したことであるのに，その後の長期的な成長率が3分の1に低下した国は日本だけである。欧米諸国は3分の2前後に低下しただけ，アジア諸国（NIEs, ASEAN）ではほとんど低下していない。

第2に，石油価格高騰が成長率急低下の原因であるならば，石油価格が低下すれば成長率が急上昇しなければならない。ところが，1980年代以降，石油価格は実質で考えればほとんど70年代初めの水準に戻ったのに，日本の成長率は高まらなかった。

第3に，石油価格高騰の影響は，産油国が消費国へ課税したことと同じである。第1次石油ショックの課税の規模は昭和56（1981）年度の経済白書によればGNPの3％程度であった（**図2-3の左のグラフ**）。10％で成長してきた経済が3％の課税を受ければ1年間だけ7％（＝10％－3％）になり，その後，10％成長に戻るというのが石油ショックの影響であってよい。10年間の平均では成長率

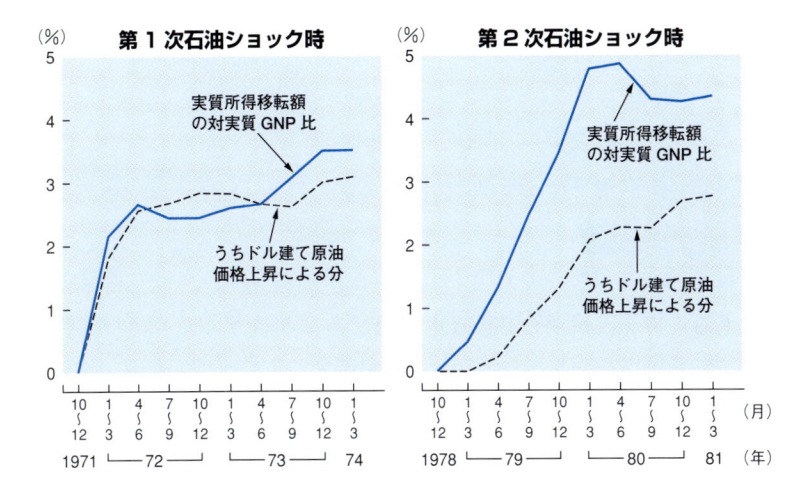

図 2-3 2回の石油ショックにおける実質所得の移転

(出所) 経済企画庁「昭和56年度 経済白書」
(資料) 経済企画庁「国民経済計算」などにより作成

1. 交易条件悪化による実質所得移転額は、次の式により算定。

$$\frac{P_x \cdot X - P_m \cdot M}{P_D} - \frac{P_{x0} \cdot X - P_{m0} \cdot M}{P_{D0}}$$

$\begin{pmatrix} P_x：輸出等デフレーター & P_{x0}：同（基準時点）\\ P_m：輸入等デフレーター & P_{m0}：同（基準時点）\\ X：輸出等 & \\ M：輸入等 & \\ P_D：国内需要デフレーター & P_{D0}：同（基準時点） \end{pmatrix}$

2. ドル建て原油価格上昇による実質所得移転額については、円レートが不変で原油価格のみが上昇した場合の輸入等デフレーターを推計し、一方輸出等デフレーターは基準時で固定して計算。

を0.3％引き下げるだけの影響である。

もちろん，石油価格が上昇したことによって利用可能な生産技術の一部が失われ，それが長期的な影響をもたらすということはあるかもしれない。これを考慮すれば影響はもっと大きくなる。しかし石油価格は80年代末には元に戻ったのだから，この影響もなくなっている。

これまでは，70年代の低成長が何ゆえに生じたのかについての論争さえもなかった。問題を認識することがなければ真実の探求も始まらない。

最近になってやっと70年代の成長屈折が謎であるという認識が生まれ，そのための解明が始まっている。石油ショック前後の金融政策の錯乱が高成長から低成長への変化を大きくした。このショックはかなりの期間，成長率を引き下げただろう。しかしここへ来て，より長期的に低成長をもたらしたのは，自由な経済を硬直的にするようなさまざまな制度的な仕掛けだったのではないかという命題が提起されている。70年代以降の大店法などの規制強化と人々の自由な地域間移動を妨げる結果となった政策がその原因ではないかということである（コラム参照）。

なお，70年代の末にも石油価格は高騰し，その所得移転の規模はGNPの5％にも及んだ。それでも70年代に比べて80年代の成長率はほとんど低下していない（図2-3の右のグラフ）。

● 1990年代の停滞をどう理解すべきか

次に，1990年代の成長屈折を考える。

3％成長から1％成長への変化という小さな変化だから，高度成長から中成長への変化という大きな変化とは異なって，これが犯人

コラム　1970年代の成長屈折の謎

増田（2002）は，さまざまな要因の中で人々の自由な地域間移動が減少したことが成長率の屈折の主因であることを強調している。

増田によれば，70年代以降，「国土の均衡ある発展」政策によって地方に公共事業が投下され，人々が効率の高い産業（別の表現をするなら，より高い賃金を得られる業種）を求めて都市へ移動するのではなくて，効率の低い産業の下でも暮らせるようになったことが成長率屈折の理由であるという。

また，原田（1998）も，大店法（正式には「大規模小売店舗における小売業の事業活動の調整に関する法律」）など，1970年代前後になされた規制強化が70年代以降の成長率低下の原因であったと論じている。

コラム　バブル経済とは

バブル経済（bubble economy）とは土地や株などの資産価格が合理的に説明できないレベルに上昇し，また，その上昇が生産や物価などの実体経済を過熱させることをいう。過度の金融緩和や人々の楽観的な期待が資産価格を上げることがバブルの特徴だが，初期の時点において，それが不合理と断言できるかは微妙である。

アメリカ連邦準備制度理事会（中央銀行に当たる）のアラン・グリーンスパン前議長の有名な言葉に，「バブルは終ってみて初めてバブルだとわかる」というものがある。この言葉には，経済がこれまで以上に力強く成長したとき，それが経済構造の改善，新たな技術進歩によるものなら，異常な成長として引き締めないほうがよいという考えが含まれている。ただし，日本の80年代末のバブル場合には，経済が異常に成長したときに，金融緩和で応えている。これはやりすぎであったといえる。

バブルは，1637年のオランダでのチューリップ球根に対する投機以来，全世界で起こっている。

だという決定的な要因を見出すのは難しく，成長率の低下についてはさまざまな議論がある。しかも，1985～90年はバブル経済で，成長率が高まっている。バブル期とバブル後の停滞期を比べるのではなく，バブル以前の1980～85年とバブル崩壊後の停滞期を比べるべきだという，当然と思える議論もある。

また，2002年から2007年を見ると，成長率は2％に戻っている。そこで，期間の分け方を変えて，さらに詳しく見てみよう。

「失われた十年」の解明

日本経済は90年代の「失われた十年」の1％成長の後，2002年または2003年から2007年までは2％成長に回復した（**表2-3**, p.37）。なぜ1980年代までの3％成長の後，1％成長になり，また2％成長になっているのだろうか。これを成長会計で考えてみよう。

「失われた十年」とは90年代の成長率が80年代に比べて低下したことではない。80年代前半まで，3％あまりで順調に成長していた経済が80年代後半に高成長（バブル経済）を経験し，その後，長期の停滞を経験したことである。80年代後半に急成長したことが誤りであるのなら，90年代前半に停滞を経験するだけで済むはずなのに，その停滞は2000年代初頭まで続き，やっと2002年ないし2003年以降回復しているのはなぜかという問いである（**図2-4**）。80年代と90年代を比べたのでは，80年代のバブル期の嵩上げされた成長率と90年代の停滞を比べることになる。

したがって，繰り返しになるが，日本の「失われた十年」とその脱却の解明は，まず，80年代後半に急成長したことが誤りであるのなら，90年代前半に停滞を経験するだけで済むはずなのに，その停滞は2000年代初頭まで続き，やっと2002ないし2003年以降回復しているのはなぜかという問いに答えることである。そこで対象

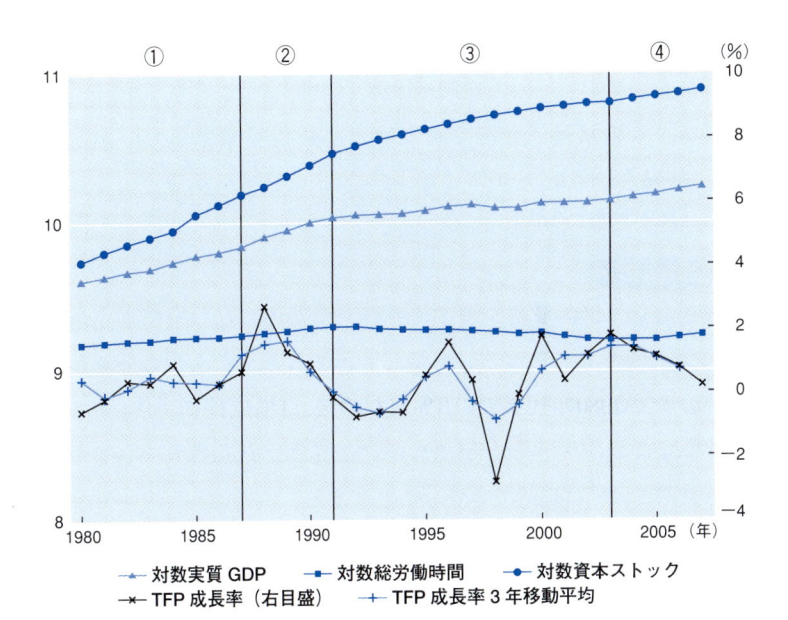

図2-4 対数での実質GDP，総労働時間，資本ストックの推移

（データ出所）　内閣府「国民経済計算」，厚生労働省「毎月勤労統計調査」
資本ストックは民間企業資本ストック（進捗ベース），労働は常用雇用指数×労働時間指数．労働分配率は0.6を仮定．対数は底が10であるが，グラフを見やすくするために桁数を変えている．

図のGDP，雇用，資本ストックは対数（左目盛）で表しているので，傾きが成長率になる．GDPに着目して図を見ると，1987年までの「正常な」成長（①），1991年までの高い伸び（②），2003年までの停滞（③），それ以降の回復（④）が認められる．資本ストック・総労働時間においても，GDPと同じような傾向が認められる．TFP（右目盛）を見ても，1986-87年までの「正常な」伸び，1990年までの高い伸び，2000年までの停滞，それ以降の回復が認められる．

とする期間を以下の4つに分割する。

① 80年代前半の3％程度の正常な成長率の期間（1980〜87年）
② 80年代末バブルとその崩壊の時期を合わせて3％程度の正常な成長率になっている期間（1987〜94年）
③ バブル崩壊後，理解できないほど長い停滞をしていた期間（1994〜03年）
④ 回復の期間（2003〜07年）

要因の分析

　成長会計では，成長を資本の寄与，労働の寄与，全要素生産性（TFP）の寄与に分解する。分解した上で，そもそもこの分解が正しいのか，分解が正しいとしたら，資本，労働，TFPの寄与がなぜ変化したのかを問うことができる。これはただ成長率やTFPの変化を見るだけでは理解できないことである。

　ここで，労働については総労働時間になっているので景気変動をある程度は反映している。日本の企業は，90年代の後半まで雇用調整を嫌ってきたが，残業時間の変動は厭わない。日本の雇用調整は雇用数ではなく労働時間で見れば柔軟であるという研究も多い。ただし，労働時間を用いても景気変動の調整は完全ではない。残業時間をゼロにしても需要の縮小に合わせることができなければ雇用調整をしなければならないが，それには時間がかかるからである。

　資本の稼働率をどう調整するかについてはさまざまな考えがある。そもそも，長期にわたって需要がないのに過剰な資本を調整できないのは経済効率が低いのであって，技術進歩率が低いのと同じだという考えもある。そうであれば，できるだけ長い期間について成長会計で分析すれば，稼働率という問題を排除できる。ここでは最後の期間を除いては7年以上という長い期間をとっているので，稼働

表 2-3 失われた十年の成長会計

(単位:%)

年	実質 GDP 成長率	TFP の寄与	資本の寄与	労働の寄与	労働生産性の上昇率
1980–87	3.4	0.3	2.5	0.5	2.5
1987–94	3.1	0.4	2.3	0.3	2.5
1994–03	1.0	0.5	0.9	−0.5	1.8
2003–07	2.3	0.9	0.9	0.5	1.4

(データ出所) 内閣府「国民経済計算」、厚生労働省「毎月勤労統計調査」
資本ストックは民間企業資本ストック(進捗ベース)、労働は常用雇用指数 × 労働時間指数。
労働分配率は 0.6 を仮定。

コラム　TFP計測の問題点

　TFPの計測には種々の問題があり，TFPの寄与をより大きく，資本の寄与をより小さく考える推計結果もある(原田，2007)。TFPについては，稼働率の調整方法などによってさまざまな結果が得られることは周知の事実である(権・深尾(2007)表3.1参照)。

　成長会計はこのようにさまざまな問題があり，分析方法によって多少異なる結果が出ることが多い。原田(2007)ではTFPがやや大きくなるが，ここでの基本的な結論は変わらない。

率の問題も排除できるだろう。

そこで，1980〜87年，1987〜94年，1994〜03年，2003〜07年について，成長会計により成長の要因を分けたのが表2-3である。表から期間ごとの成長率の変動要因を理解できる。1980〜87年の成長率3.4％に対して1987〜94年の成長率は3.1％とほぼ同じで，中身もほぼ同じである。1980〜87年の成長も，1987〜94年の成長もTFPの寄与が小さく，多くが資本の寄与で成長している。

1994〜03年は1％成長に低下してしまうが，1980〜87年に比べてもっとも大きな低下要因は資本の寄与で，これは2.3％が0.9％となっているので1.4％の低下を説明している。次に大きな要因は労働の投入で，これが0.3から−0.5％になっているので，0.8％の低下を説明している。TFPの寄与は，94年以降，むしろ0.4％から0.5％へと上昇している。03年以降の回復は，労働の寄与が−0.5％から0.5％へとなっているので1.0％の上昇を説明している。TFPの寄与も0.4％上昇しているが，資本の寄与は同じである。

以上の分析からわかることは「失われた十年」は労働投入と資本投入の低下によって引き起こされたということであり，TFPは本来の失われた十年の期間（1994〜2003年）にわずかだが上昇していた。

🌑 なぜそれぞれの要因が変化したのか

成長会計からわかるのは，成長率の変化が，資本，労働，TFPのどの寄与の変化によって生じたかであって，なぜそのように変化したかはわからない。しかし，80年代以降の日本経済を観察してみれば，いくつかのことが考えられる。第1に，80年代末の過大投資の失敗によって，企業は投資に臆病になり，資本蓄積が低下した。図2-5に見るように，バブル期に増大した設備投資は失われた十年

(1) 製造業

(兆円)

設備投資

(2) 非製造業

(兆円)

設備投資

図 2-5 設備投資の推移

(データ出所) 内閣府「平成 19 年度 経済財政白書」
　　(資料) 財務省「法人企業統計季報」により作成
1. 設備投資はソフトウエア投資を含まず。
2. キャッシュフロー＝経常利益 ×0.5 ＋減価償却費。4 四半期移動平均。

期に停滞した。そしてその脱却とともに投資が回復している。

　第2に，投資に慎重になれば，より有望な投資計画のみが実行される。それらは当然に効率的で，技術効率も高いだろう。

　第3に企業は人員採用に慎重になった。より有能な人のみを採用したので，当然効率が上がった（本書の「労働投入」は，労働の質を考慮していない）。第2と第3の事実はTFPを引き上げる。

賃金上昇が労働投入を引き下げた

　労働投入の減少についてはさらに理由がある。

　図2-6は，時間当たり実質賃金と生産物当たり実質賃金を示している。実質賃金が一定でも，企業の生産性が高まれば，生産物当たり実質賃金が低下するので，生産物当たり実質賃金は企業の労働コストと解釈できる。

　図から，時間当たり実質賃金が90年代の失われた十年の時代にも高止まっていたが，2001年以降ほぼ横ばいになったことがわかる。さらに，生産物当たり実質賃金は99年以降，低下していた。

　企業は年々生産性を高めていくので，賃金が横ばいでも，生産性が上がれば，企業にとっての賃金コストである，生産物当たりの実質賃金は低下していく。企業は，労働者を雇えば利益が出やすい状況が生まれていたわけだ。これが2003年以降の雇用と実質GDPの回復をもたらした。

　では，なぜ90年代，不況にもかかわらず，実質賃金が高止まりしていたのだろうか。その理由は，80年代末から90年代初めにかけて行われた時短（年間総労働時間の短縮）政策と90年代以降続いたデフレ的状況による。労働時間を短縮しても賃金をカットしたわけではないので，時間当たりの賃金は上昇してしまう。これにさらにデフレが拍車をかけた。物価が低下しても，賃金を下げるのは

なぜそれぞれの要因が変化したのか

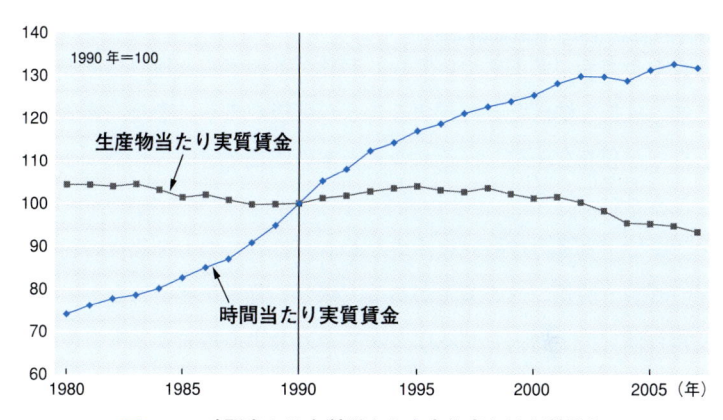

図 2-6　時間当たり実質賃金と生産物当たり実質賃金

（データ出所）　内閣府「国民経済計算」，厚生労働省「毎月勤労統計調査」
1. 全労働時間は産業別就業者数と産業別労働時間数を個別に掛け合わせて合計したもの。
2. 2007年の全労働時間は，常用雇用指数と労働時間指数を掛け合わせたものの伸び率で推計。
3. 時間当たり実質賃金＝実質雇用者報酬÷全労働時間。
4. 生産物当たり実質賃金＝時間当たり実質賃金÷時間当たり実質GDP。

コラム　時短（時間短縮）による影響

> 1980年代の末になって，日本は生産し，海外に輸出するばかりでなく，労働時間を短縮し，より人間らしい生活をすべきとされた。その結果，平均で週44時間労働（1日8時間労働で隔週土曜休みが平均だった）であったのを完全週休2日にするべきとされ，バブル崩壊後の90年代初めに実施された。労働時間の短縮は賃金の上昇と同じである。労働時間が44時間から40時間に約1割短縮されたので，賃金は約1割上昇した。物価が毎年3％ずつ上がっていれば1割の賃金上昇は3年で解消されてしまうが，日本経済はデフレに陥っていた。このことが実質賃金を上昇させ，企業の雇用意欲を低めることになった。

難しい。デフレ下では、どうしても賃金が高止まってしまうのだ。

資本の成長を妨げた要因

資本の寄与の低下についても、デフレ下の実質金利の高止まりが、資本の成長を妨げたと解釈することが可能だろう。また、賃金の高止まりが利潤を圧縮し、それゆえ資本の成長が妨げられたこともあるだろう。

ここで、資本の成長回復、すなわち、投資の増大を銀行の経営状況の改善と関連づける議論がある。銀行の経営が健全になって初めて銀行は貸出を増大させることができ、貸出の増大とともに生産が拡大するというのである。

しかし、私は、そのような議論は根拠が薄いと考える。図2-7は全産業活動指数と銀行貸出の対前年同期比を示したものである。全産業活動指数がプラスになったのは2002年7月のことだが、銀行貸出がプラスになるのは、それから3年5カ月も遅れた2005年12月のことである。経済活動の回復が銀行貸出の回復と関係なく起きているのだから、銀行経営の安定が生産の拡大をもたらす上で必須だったとは考えがたい。

● バブル期の分析

以上により、「失われた十年」がなぜ生まれ、なぜそこから脱却しているのかは解明した。しかし、80年代前半の正常な成長率が80年代後半に上昇したのはなぜかという問いには何も答えていない。この問いに答えることは難しいが、2つの可能性が考えられる。

バブルのときには投資が急拡大した。投資財は、サービスをより多く含む消費財よりもより少ない労働投入で生産できる。これが労働生産性の上昇率、ひいてはTFPの寄与増大として現れる可能性

(％，対前年同期比)

図 2-7　全産業活動指数と貸出
（データ出所）　日本銀行，経済産業省

がある。

したがって,バブル期には,TFPと資本の寄与が大きくなる(ただし,1980〜85年と1985〜90年を比べただけではTFPの寄与は拡大しているが,資本の寄与増大はわずかである。表2-2(p.29)参照)。

もう一つの可能性は,バブル期の物価指数の問題だ。バブル期には,より単価の高いものが売れた。物価統計は同じものの値段を調べているので,これを物価上昇とは認識しないが,誤って価値のないものを買ってしまったと解釈すれば,物価が上昇していたと考えてもよいかもしれない。実は物価が上昇していたとすれば,実質GDPの伸び率はより低く推計されるべきであり,誤った統計が見かけ上,高い成長率をもたらしたという解釈である。

実質賃金の上昇

上で見たように,「失われた十年」とその脱却の要因として資本と労働投入が重要な役割を果たしている。TFPがなぜ変動したかはわからないが,労働投入の変動については実質賃金の上昇という理由がわかっている。

ここで日本経済の問題点を端的に表すグラフを示すことにしよう。図2-8は,日本の労働時間当たりGDPと通常のGDPを示したものである。日本の実質GDPは90年代に屈折して経済が停滞しているが,労働時間当たり実質GDPでは停滞していない。80年代末のバブル期に上昇が認められるが,その時期を除くと,80年代前半と90年代以降の違いは見られない。

すなわち,日本経済の停滞は,労働投入が減少したことによって引き起こされたのであり,TFPと資本の上昇によって説明される労働生産性が低下したことによるのではない。

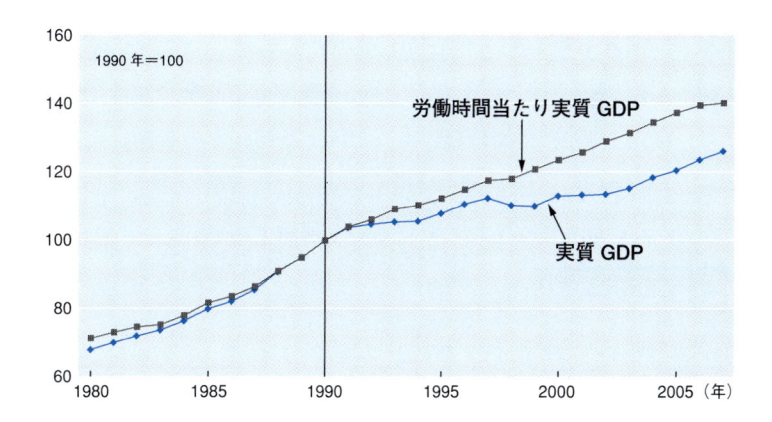

図 2-8　実質 GDP と労働時間当たり実質 GDP の動き

（データ出所）　内閣府「国民経済計算」，厚生労働省「毎月勤労統計調査」
1. 全労働時間は産業別就業者数と産業別労働時間数を個別に掛け合わせて合計したもの。
2. 2007 年の全労働時間は，常用雇用指数と労働時間指数を掛け合わせたものの伸び率で推計。

したがって，一部の日本のエコノミストが主張する，日本経済の構造的な問題のゆえに日本が90年代に停滞したという主張には根拠がない（90年代後半TFPが80年代前半に比べて低下していないことは表2-2（p.29）を参照）。

日本経済に構造的問題があるのは確かであるが，それが90年代初に大きな問題となって，それゆえに90年代に日本経済が停滞したということはありえない。現在構造問題といわれていることは，80年代にも構造問題として存在していたからだ（90年代に成長率が低下したことについてはさまざまな議論がある。他の議論については，浜田・堀内（2004）参照）。では，なぜ日本の労働投入は減少したのだろうか。その理由は前述のように実質賃金が上昇したことだ。

第3章
同じ国が停滞し，また発展するのはなぜか(2)
——生産性の国際比較

主要国の一人当たりGDPの順位

　日本はもはや経済一流国ではなくなったのではないかという議論がある。日本は経済一流国ではなくなったのか。また、そうであるとしたら、どうすればよいのだろうか。

　図3-1は、OECD（経済協力開発機構）のデータにもとづいて1980年から現在までの、主要国の一人当たりGDP（為替レート換算）の順位の推移を示したものである。

　OECDのデータには30カ国が示されているが、グラフを見やすくするために、2006年の一人当たりGDPが為替レート換算で3万ドル以下の国と1980年で人口1000万人以下の国と資源大国であるカナダ、オーストラリアを除外した。ただし、北欧4カ国はいずれも人口が1000万以下であるので、もっとも所得の高いノルウェーは示すことにした。また、アイルランドは人口400万あまりであるが、90年代から驚異的な成長を続けているので示すことにした。

　人口が少なくて豊かな国は多い。人口1000万以下で、日本より順位（後述の購買力平価による）の高い国は、ルクセンブルク、ノルウェー、アイルランド、アイスランド、スイス、オーストリア、デンマーク、スウェーデン、フィンランドと10カ国ある。人口減少が心配されているが、一人当たりの豊かさは、人口に依らないことを示すものだろう。資源大国を除外したのは、これらの国が資源価格高騰によって経済成果が高まっているとしても、日本として真似ようがないからである。

　1980年の日本は、世界で17位と、先進国の中では下位にあった。それが1989年には3位に上り詰め、その後変動はあったものの2000年でも3位だった。ところが、その後、日本の順位は凋落し、2006年には18位と、80年代の初めに戻ったようである。

主要国の一人当たりGDPの順位   49

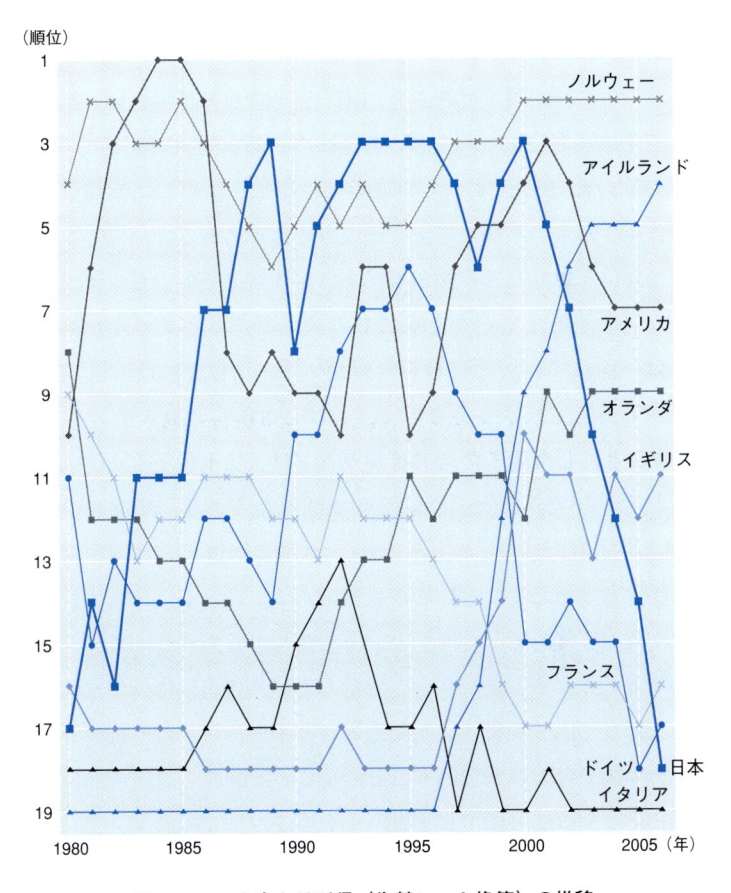

図3-1　一人当たり所得（為替レート換算）の推移
（データ出所）　OECD, Database

以上は，為替レートで見た一人当たりGDPの順位であるが，一人当たりのGDPをその国の生活水準とするなら，為替レートではなく購買力平価で換算した一人当たりGDPの順位を見るべきである。第1章のコラム（p.3）で解説したように，為替レートには輸出産業の生産性が強く反映され，国内産業の生産性の低い日本のような国では，為替レートで計ると国内の物価が割高になる。一人当たりの真のGDPは，すべての産業の生産性を反映した指標で評価すべきだ。購買力平価とは，そのような指標である。

　その順位を示したのが図3-2である。購買力平価で見ても，同じような動きをしているが，微妙には違いがある。まず，1980年の日本は，世界で17位と変わらないが，ピークになったのは1991年で順位は6位，その後徐々に低下して2000年に20位まで落ちた。その後，少し盛り返して現在世界17位である。

　購買力平価でみると，順位がやや低くなること，順位の動きが，90年代の「失われた十年」と2002年以降の回復という国内での経済の動きと矛盾していないのが特徴である。これも，一人当たり順位は購買力平価で考えるべきという根拠になるだろう。

　1980年代末から，為替レートで計った国内価格が海外に比較して高いという「内外価格差」が問題とされたが，これは為替レートと購買力平価での力の差ということになる。2000年の日本の順位は為替レートでは3位（図では1位のルクセンブルクを除外している）であったが，購買力平価では19位だった。これが為替レートと購買力平価での力の差が最大になった時点である。経済超一流国だったというのは俗説で，そもそも昔から経済一流半国ぐらいだったのだろう。現在も80年代の初めも同じような数字で，内外価格差があまりないから，身分相応のところに戻ったといえないこともない。

主要国の一人当たりGDPの順位　　　　　51

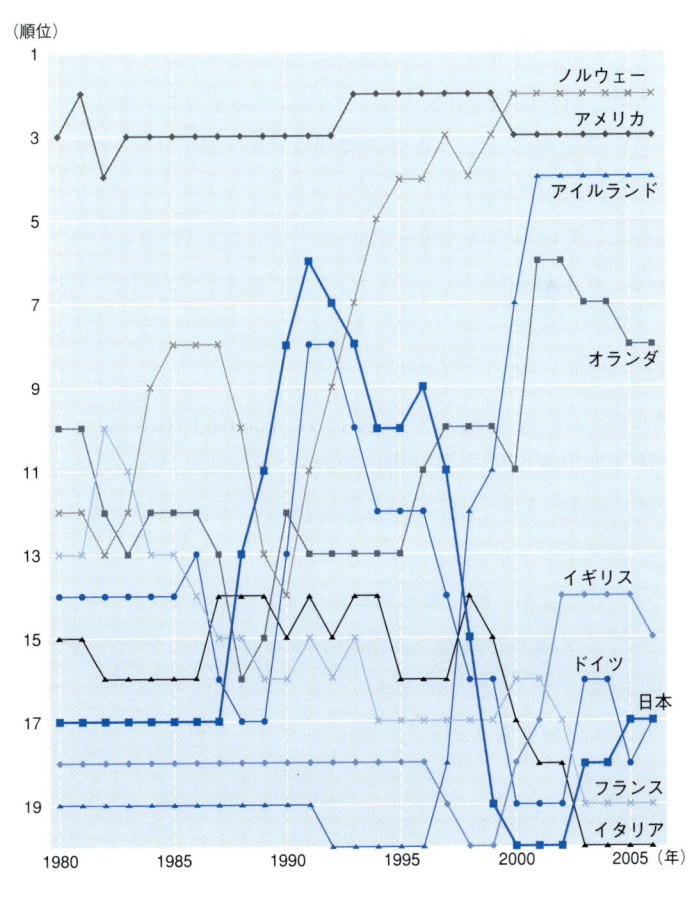

(順位)

図3-2　一人当たり所得（購買力平価換算）の推移
(データ出所)　OECD, Database

なぜ日本の順位は低下したのか

これまで述べた理由により，為替レートではなく，購買力平価で見た一人当たりGDPの変化について考えることにする。世界6位にまで上がった日本がなぜ停滞してしまったのだろうか。

一つは，日本経済が停滞していたからである。この理由については多くの議論があるが（本書の解釈は第2章の通り），ここでは別の側面を強調したい。

問題にしているのは，順位であるから，他に高い成長をする国があれば，日本の順位は下がってしまう。日本に90年代の大停滞がなかったとしても，他の国が日本より速く成長すれば，日本の順位は下がってしまう。

現実に，日本を追い抜いたのは，オランダ，イギリス，ノルウェー，アイルランドである（表3-1参照。先の図に示していないが，他にオーストラリア，デンマーク，カナダ，ベルギー，スウェーデン，フィンランドがある）。

また一方，日本と同じように順位を下げた国もある。ドイツ，フランス，イタリアである（表3-2）。ヨーロッパ大陸の伝統ある大国が順位を下げ，人口小国とオランダ，イギリスが順位を上げている。日本も伝統ある大国として順位を下げたと思うことが慰めになるだろうか。

順位を上げた国の中で，資源もたいしてなく，小国でもないということで学ぶべきところを見出しやすいのはオランダ，イギリスだろう。

一人当たりの所得と労働時間

一人当たりの所得を上げるために必要なのは，より多くの人がより長い時間働き，かつ，その人々の時間当たりの労働生産性が高い

表 3-1 日本より順位が上がった国の例

	2006年の順位	人口（万人）	面積（千 km²）[人口密度]
ノルウェー	2	459	385 [12]
アイルランド	4	404	70 [58]
カナダ	7	3,197	9,970 [3]
オランダ	8	1,628	42 [392]
デンマーク	11	540	43 [125]
スウェーデン	12	899	450 [20]
オーストラリア	13	2,011	7,741 [3]
ベルギー	14	1,042	31 [341]
イギリス	15	5,984	243 [246]
フィンランド	16	523	388 [15]
日　本	17	12,779	378 [343]

（データ出所）　人口は年央推計人口，面積は総務省統計局「世界の統計 2008」の 2004 年のデータによる

表 3-2 日本以外に 1980 年より順位が下がった国の例

	2006年の順位	人口（万人）	面積（千 km²）[人口密度]
ドイツ	17	8,250	357 [231]
イタリア	19	5,818	301 [193]
フランス	20	6,038	552 [109]

（データ出所）　表 3-1 と同じ

ことだ。

　国際的に，人口のうち，どれだけの人がどのくらいの時間働いているかを見極めるのは難しいが，失業率が低いときにはより多くの人が働いている傾向がある。失業率が高い不況のときには，仕事を探しても見つからないだろうと考えて，仕事を探す人も減ってしまう。失業率が低いときには，より多くの人が仕事を探し，雇用も労働時間も増える傾向がある。

　図3-3は主要国の失業率を示したものである。オランダ，イギリス，ノルウェー，アイルランドは，ヨーロッパの中で格段に失業率が低い。ドイツ，フランス，イタリアの失業率が10％前後であるのに対して，オランダ，ノルウェー，アイルランドの失業率は2.5％，イギリスの失業率は5％前後である。日本でも，2002年以降，失業率が低下するともに，一人当たりGDPの順位が上がっている。

　労働生産性はどうしたら上げることができるだろうか。イギリスやオランダの小売業や金融業など第3次産業の生産性は高い。日本も，製造業の生産性ばかりに注目しないで，サービス業も含めたより広い範囲の産業の生産性に着目することが必要だろう。

● 産業ごとの生産性を国際的に考える

　これまで日本の生産性が国際的に見て低下していることを書いた。その対策を考えるには，生産性が上昇してきた先進国に注目することが必要だろう。しかし，そのような国のほとんどは人口が1000万人に満たない小国だ。その中で，人口6000万人のイギリスの躍進は参考になる。なぜイギリスの生産性が上昇してきたのかを考えよう。

　日本の生産性について考えるとき，産業ごとに生産性を考えると

産業ごとの生産性を国際的に考える

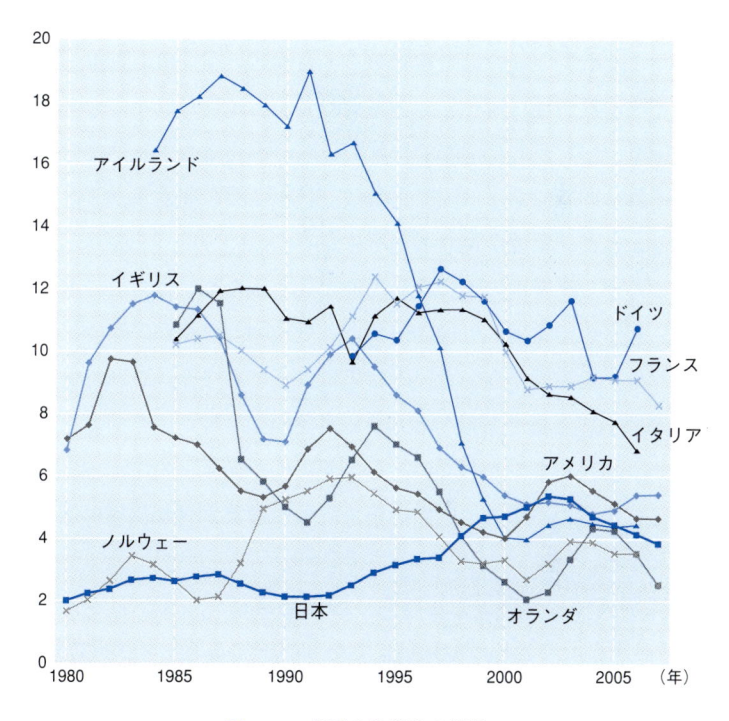

図 3-3 各国の失業率の推移
(データ出所) IMF, *IFS*, U.K. national astatistics, 総務省「労働力調査」

同時に，産業ごとの生産性を国際的に比較することが一つの出発点になる。

産業はその性質上，各々労働生産性が異なっており，異なった産業同士の生産性を単に比較することは意味がない。

鉄鋼業の労働者一人当たりの付加価値額が，小売業の労働者一人当たりよりも大きいのは当然である。高炉という巨額の資本設備を有している鉄鋼業に対して，小売業の労働生産性が低くても何ら問題ではない。しかし，国際的に見て日本の小売業の生産性が低ければ，それは問題である。国際比較は，日本産業の問題点，改善点を考えるときに，重要な拠りどころになる。

ところが，産業別の生産性を国際比較するためには多くの困難がある。通常の産業別の付加価値では，生産物の価格が国際的に見て高ければ，生産性が高いという結果になってしまう。これでは，生産性が低くて価格が高くなっている産業の生産性が国際的に見て高いという結果になりかねない。したがって，産業別の生産性を国際的に比較するためには，国際価格で計った**産業別付加価値**の価額が必要になる。

産業別の付加価値，労働時間，国際価格について，日本，米国，EU加盟国を対象とし，2004年までをカバーするデータベース（EU KLEMSデータベース）がある。これにより，日本，イギリス，アメリカの産業別の付加価値を国際価格で評価した上で，産業別の労働生産性を計算した（コラム参照）。

さらに，アメリカの労働生産性を100として，日本とイギリスの労働生産性を計算した。ただし，国際価格で計った産業別付加価値の正確な価額を得ることは難しい。

以下に述べることは，議論の出発点としての暫定的な証拠だと考

コラム　EU KLEMSデータベースを使った計測

　EU KLEMSデータベースは100以上の産業に分類されているが，それでも十分ではない。また，国際的に同じ産業を比較することも難しい。たとえば，日本の電気産業は家庭電機製品，重電，コンピュータなど広範な製品を含んでいるが，アメリカではコンピュータの中核部品がほとんどである。

　形式的にはEU KLEMSデータベース参加国のいずれの国の価格を標準としても産業別の生産額を得ることができるが，産業の実情について知識を得ることが容易なアメリカとイギリスとの比較のみを行うことにする。具体的には以下のようにした。

　EU KLEMSデータベースで与えられている1997年の購買力平価と日本とアメリカの名目産業別GDPから，それぞれの生産額を購買力平価で評価したアメリカ価格ベースの産業別GDPを作る。これはアメリカ価格での日本の名目産業別GDPであるが，1997年を基準にした1997年の実質産業別GDPと考えることができる。

【労働生産性の計測】

　国，産業によって労働時間が異なるので，就業者の数で比較するのでは計測値が歪んでしまう。たとえば，流通業ではパートが多いので，投入された労働時間の割には就業者数が多いことになる。

　また，日本においては1990年代において，時短とパート，派遣などの非正規雇用の増大により，一人当たりの労働時間が減少傾向にあった。就業者の数で流通業の労働生産性を計ったのでは，流通業や90年代の日本の生産性を過小に評価してしまうことになる。本稿では，労働生産性は労働時間当たりで計測することにする。

　EU KLEMデータベースでは就業者数でだけでなく，総労働時間で評価した産業別生産性の時系列数量指数も利用可能なのでこれを利用した。

【労働生産性の推移の計算】

　EU KLEMSデータでは1997年の購買力平価しかない。そこで，1997年について生産性を計測し，それ以外の年については，両国の上記生産性指数により外挿した。具体的にはまず，前述の1997年日米産業別GDP（購買力平価調整）から計算される日米生産性の比を基準として，両国の労働生産性（労働時間当たり）の変化率の比によって各年の労働生産性比を算出した。

えてほしい（その困難さについては，原田・松谷（2007）参照）。

● 重要性を考えた生産性の比較

国の中に生産性の低い部分があれば，当然に国全体の生産性を低めることになる。それはその部門のウエイトが大きければより深刻になるだろう。

そこで縦軸にアメリカを100とした産業ごとの労働生産性，横軸にこれら産業の就業者数シェアを示したものが図3-4〜図3-7である。鉱業と電気ガス水道業の就業者シェアはともに0.5％以下であるが，鉱業は省略し電気ガス水道はその重要性を考えて示している。また，鉱業の生産性は，資源が簡単に掘削できるかどうかの自然状況によってほぼ決まってしまい，生産性の高い国から学ぶ余地に乏しい。これも鉱業を除外した理由である。また，生産性の概念を定義することが難しい公務も除外している。

図では，アメリカを100とした日本の労働生産性（図3-4，図3-5）とイギリスの労働生産性（図3-6，図3-7）を1970年（日本は1973年のデータしか得られない）と1990年と2004年について示したものである。ここからわかることは以下の通りである。

1973年の日本は，全般にアメリカよりも生産性が低かったが，その中で製造業の一部，とくに，繊維・革製品，化学，一次金属などの生産性がアメリカを100として60を超えていた。だが，農業では20，卸小売，運輸通信などでは40程度にすぎなかった。全産業平均の生産性は33.6にすぎなかった。

ところが，1990年になると，化学，一次金属，機械でほぼ80を超えるようになる。ただし，かつては相対的に高かった繊維の生産性は低下した。農業についてはさらに低下した。建設・卸小売では

重要性を考えた生産性の比較　　　　　　　　　　　　59

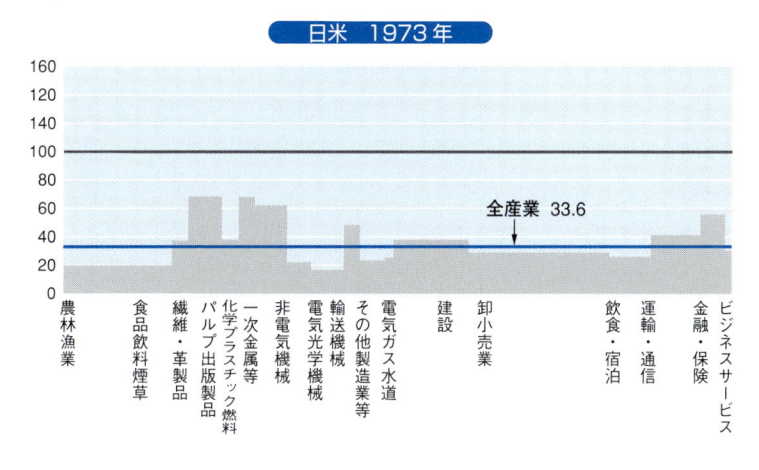

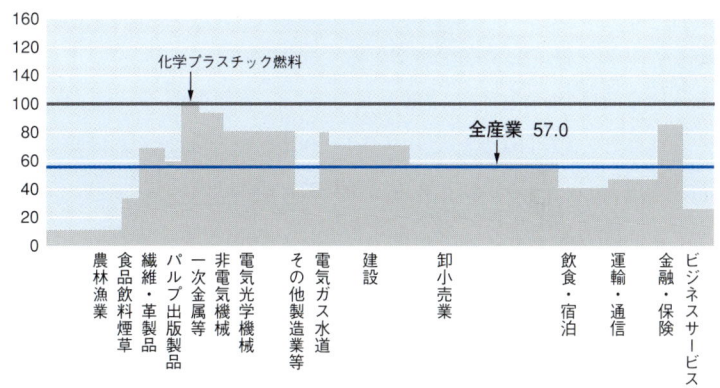

日米 1973年

全産業 33.6

農林漁業／食品飲料煙草／繊維・革製品／パルプ出版製品／化学プラスチック燃料／一次金属等／非電気機械／電気光学機械／輸送機械／その他製造業等／電気ガス水道／建設／卸小売業／飲食・宿泊／運輸・通信／金融・保険／ビジネスサービス

日米 1990年

化学プラスチック燃料

全産業 57.0

農林漁業／食品飲料煙草／繊維・革製品／パルプ出版製品／一次金属等／非電気機械／電気光学機械／その他製造業等／電気ガス水道／建設／卸小売業／飲食・宿泊／運輸・通信／金融・保険／ビジネスサービス

図3-4 日米生産性の比較（1973年と1990年：アメリカを100とする）
（データ出所） EU KLEMSデータベースより作成
上記データベースの産業別購買力平価（1997年）を用いて世界価格での実質生産を作り、それを短時間で除して労働力生産性を作成。その他製造業等は、木材木製品、窯業土木、その他製造業リサイクルの合計。ウエイトは就業者シェア。

相対的に生産性が高まり,全体としても生産性がかなりアメリカに近づいた。

全産業平均の生産性は1973年の33.6から57.0にまで高まった。17年間で日本の生産性は,アメリカの3割強から6割弱に近づいたわけだ。しかし,2004年になると,日本の進撃は止まる。製造業の相対的な生産性は低下し,卸小売や農業の生産性はさらに停滞する。全産業平均では56.4とむしろ低下してしまう。90年代の「失われた十年」の影響が明らかに見られる。

一方,イギリスを見ると,1970年で製造業の多くはアメリカより生産性が低かったが,電気光学機械では140と高かった。サービス業を見ると,卸小売業や金融保険業の生産性はアメリカよりも高かった。しかし,全産業平均の生産性は63.4とアメリカよりも低かった。ところが,1990年になると,アメリカより生産性の高い産業はなくなるが,生産性が極端に低い産業は減少していく。その結果,全産業平均の生産性は66.6となった。得意分野を失ったのに,アメリカとの差は縮小した。さらに2004年になると,この傾向はさらに高まる。アメリカより生産性の高い産業はないが,低い産業のシェアは小さくなり,全産業平均では70.7にまでなった。

● なぜイギリスは追いついていったのか

日本は90年代以降,アメリカとの生産性格差が拡大してしまったのに,イギリスが着実に格差を縮小できたのはなぜだろうか。1970年から90年にかけて,日本が大きく差を埋めたことに比べれば目立たず,誰も注目した人はいなかっただろうが,イギリスはともかくも着実にアメリカとの差を縮小していた。

日本とイギリスを比べると,イギリスは不得意分野を減らしてき

なぜイギリスは追いついていったのか

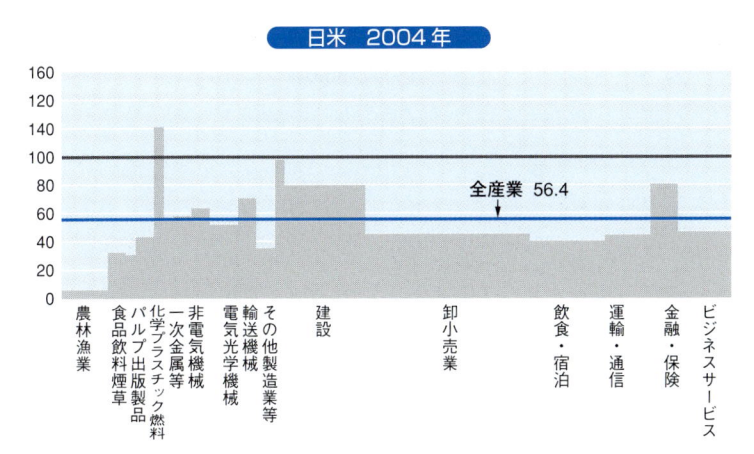

日米 2004年

全産業 56.4

農林漁業／食品飲料煙草／パルプ出版印刷製品／化学プラスチック燃料／一次金属等／非電気機械／電気光学機械／輸送機械／その他製造業等／建設／卸小売業／飲食・宿泊／運輸・通信／金融・保険／ビジネスサービス

図3-5 日米生産性の比較（2004年：アメリカを100とする）
（データ出所）図3-4と同じ

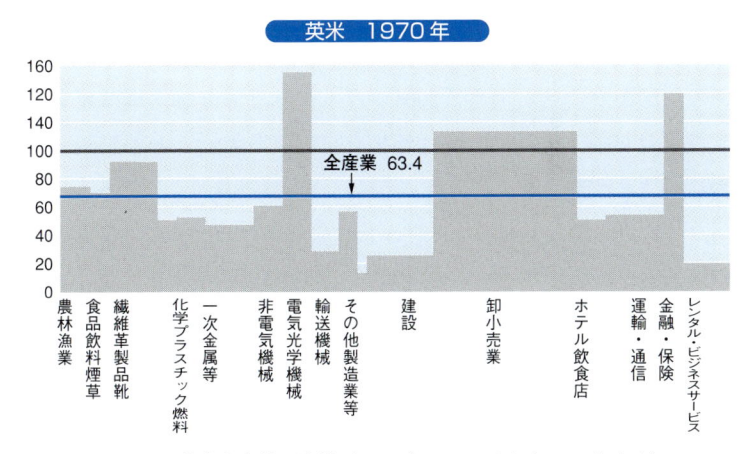

英米 1970年

全産業 63.4

農林漁業／食品飲料煙草／繊維革製品靴／化学プラスチック燃料／一次金属等／非電気機械／電気光学機械／輸送機械／その他製造業等／建設／卸小売業／ホテル飲食店／運輸・通信／金融・保険／レンタル・ビジネスサービス

図3-6 英米生産性の比較（1970年：アメリカを100とする）
（データ出所）図3-4と同じ

たといえる。生産性の低かった分野の生産性を上げるとともに、生産性の低い分野を縮小させてきた。

一方、日本は得意だと思っていた機械分野で生産性の伸びが停滞し、不得意分野の生産性は伸びず、かつその比重も高いままだった。

「不得意分野を減らす」とは、考えてみると、受験の極意と同じである。得意科目を伸ばすより、不得意科目を減らして、着実に点を取ることが重要だ。日本では、不得意分野に努力を傾注するよりも、規制で保護して、生産性を高めなくてもよい状況を作っていた。その間に、得意だと思っていた産業でも、あまり点が取れなくなってきた。日本の官庁で幅をきかしている受験秀才が、自分の私的な領域では成功している戦略を、その公的な領域では採用していないから、日本の生産性が向上しないのではないか。イギリスのように、不得意科目を減らすことに戦略を切り替えるべきではないか。

もう一つのヒントとして、アメリカの生産性向上は、新しい産業を生み、古い産業を捨てることによって得られているということがある。図3-5に見るように2004年でもアメリカの輸送機械産業の生産性は日本より高い。輸送機械を自動車と考えると不思議だが、輸送機械とは自動車、航空機、造船、列車製造業のことである。

アメリカの輸送機械の生産性が日本より高いのは、アメリカの航空機製造業の生産性が日本の造船業と列車製造業の生産性よりも高いからだ。アメリカの電気機械の生産性が高いのは家電を捨ててパソコンの主要部品を生産しているからだろう。

また、生産性を高めるためには何もしないことも政策となる。建設業の生産性は、公共事業を削減した2000年以降で高まっている。これは公共事業の縮小により、建設業の競争がきびしくなり、リストラが進んだことによるのだろう。

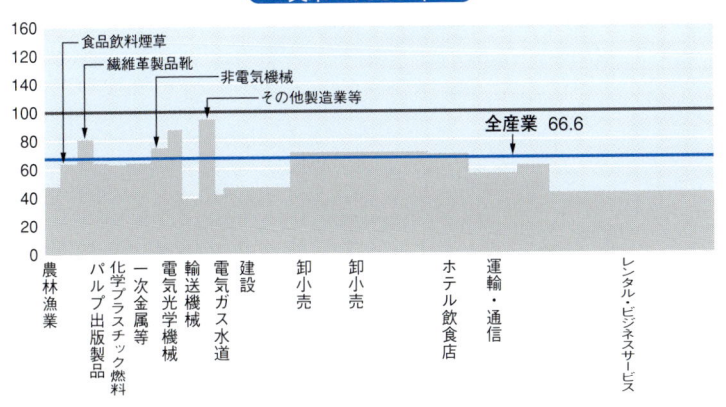

英米　1990年
160
120
140
100
80
60
40
20
0
食品飲料煙草
繊維革製品靴
非電気機械
その他製造業等
全産業 66.6
農林漁業
パルプ出版製品
化学プラスチック燃料
一次金属等
電気光学機械
輸送機械
電気ガス水道
建設
卸小売
卸小売
ホテル飲食店
運輸・通信
レンタル・ビジネスサービス
英米　2004年
160
120
140
100
80
60
40
20
0
食品飲料煙草
化学プラスチック燃料
非電気機械
輸送機械
全産業 70.7
農林漁業
パルプ紙印刷出版
一次金属等
電気光学機械
その他製造業等
建設
卸小売業
ホテル飲食店
運輸・通信
金融・保険
レンタル・ビジネスサービス

図3-7　英米生産性の比較（1990年と2004年：アメリカを100とする）

（データ出所）　図3-4と同じ

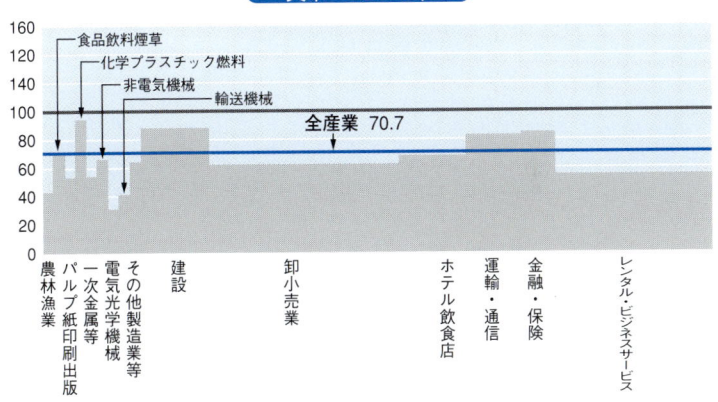

第4章
経済変動

なぜ経済は変動するのか

経済は変動しながら成長する。この変動による影響は，たいしたことはないという意見もある。しかし，一概にそうとはいえない事例もある。1930年代の世界大恐慌や1990年代の日本の経済停滞はこのような事例である。本章は，なぜ経済が変動するかについての考えを整理し，それに対する政策について考えよう。

そもそも経済変動をどのように測るか

個々の企業の売上は当然に大きく変動するが，ここで問題としているのは経済全体の変動である。それでは，経済全体の変動をどのように測ったらよいだろうか。経済全体の活動量を測る**GDP**（Gross Domestic Product；**国内総生産**）は，すでに第1章・第2章でも登場した。ここでは，この概念を改めて確認しよう。

GDPはある期間（通常1年間）にその国で生産されるすべての財・サービスの生産量である。原材料を購入して生産した場合には，その生産額から原材料の購入額を差し引いたものが生産したものとなる。GDPの中での生産とは，追加的に生産されたもの，すなわち，**付加価値**である（**図4-1**）。

ここで，企業の利益を考えてみると

利益＝売上－原材料費－賃金支払い－利子支払い－減価償却費

である。GDPは売上から原材料費を除いた付加価値であるから

GDP＝売上－原材料費
　　＝利益＋賃金支払い＋利子支払い＋減価償却費

である。すなわち，GDPは**生産面**から考えると売上から原材料費

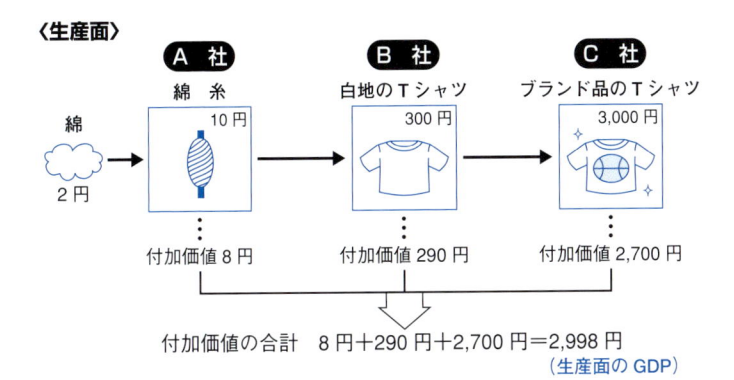

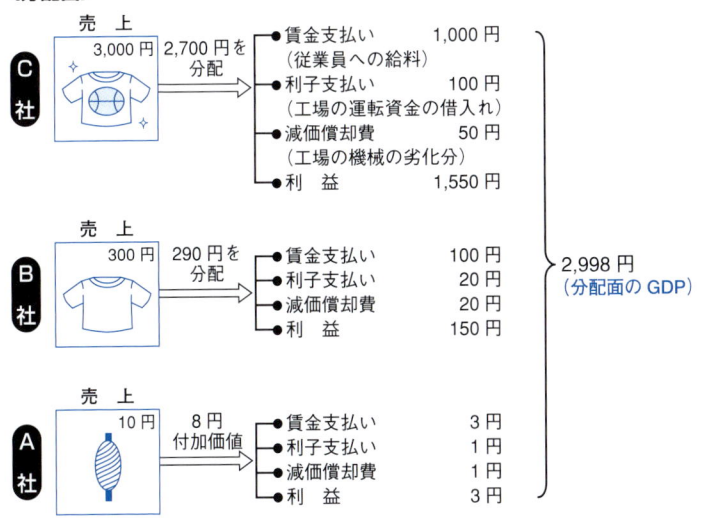

そもそも経済変動をどのように測るか　　　67

〈生産面〉

	A 社 綿　糸	B 社 白地のTシャツ	C 社 ブランド品のTシャツ
綿 2円 →	10円	300円	3,000円
	付加価値 8円	付加価値 290円	付加価値 2,700円

付加価値の合計　8円＋290円＋2,700円＝2,998円
（生産面の GDP）

〈分配面〉

C社
売上 3,000円　2,700円を分配 →
- 賃金支払い　　1,000円（従業員への給料）
- 利子支払い　　100円（工場の運転資金の借入れ）
- 減価償却費　　50円（工場の機械の劣化分）
- 利益　　　　1,550円

B社
売上 300円　290円を分配 →
- 賃金支払い　　100円
- 利子支払い　　20円
- 減価償却費　　20円
- 利益　　　　150円

A社
売上 10円　8円付加価値 →
- 賃金支払い　　3円
- 利子支払い　　1円
- 減価償却費　　1円
- 利益　　　　3円

合計 2,998円（分配面の GDP）

図 4-1　GDP の付加価値

を除いた付加価値だが，**分配面**から考えると，その付加価値が利益と利子支払いと賃金と減価償却費に分配され，所得になる。

ここで減価償却費を除外した国内純生産という概念もあるが，一般には国内総生産を使うことが多い。減価償却の仕方には恣意的な面があるからである。国内総生産（Gross Domestic Product）の総（Gross）とは，減価償却を除去していないという意味である。

分配された生産がどのような用途に支出されているかを考えると，それは**消費**と**投資**と**輸出－輸入**となる。GDPから輸入を引くのは，GDPの生産が付加価値であって，原材料を引かなければならないのと同じである。また，消費と投資を誰が支出しているかに注目して民間と政府に分けるのが通常である。

すなわち，GDPを**支出面**から考えると

GDP＝民間消費＋民間投資＋政府消費＋政府投資＋輸出－輸入

となる。

以上のことから，GDPは生産面，分配面，支出面から考えることができ，それは等しいということになる。これを**三面等価の原則**という（図4-2）。すなわち

GDP＝売上－原材料費←**生産**
　　＝利益＋賃金支払い＋利子支払い＋減価償却費←**分配**
　　＝民間消費＋民間投資＋政府消費＋政府投資＋輸出－輸入←**支出**

推計するための資料が完全であれば，GDPを生産，分配，支出のどの面から推計しても同じになるはずであるが，現実にはそうならない。一般に，支出面からの資料からがもっとも正しく推計できるとされている。

コラム　減価償却費

　毎年付加価値を作るためには建物や機械が必要だが，これらは1年以上にわたって使えるものである。したがって付加価値を作るための費用として，その耐用年数に従って毎期費用として計上する必要がある。これを減価償却という。

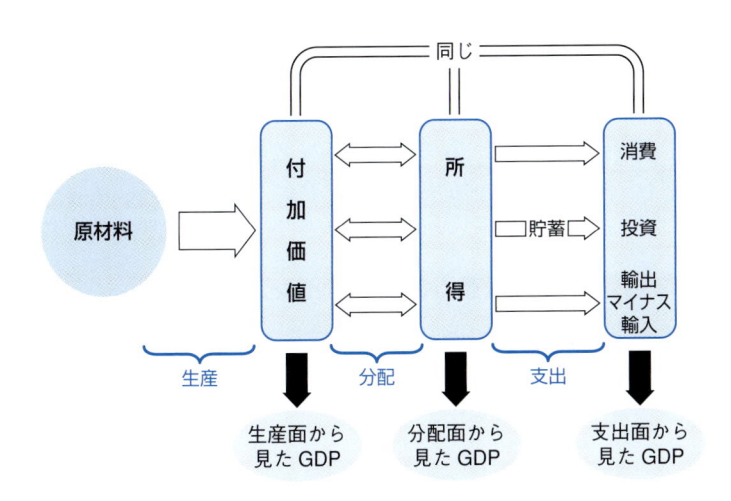

図 4-2　三面等価の解説図

以上は**名目GDP**であるが，物価が上昇してGDPの値が増加していても，生産活動としてのGDPが増加しているとはいえない。そこで，物価上昇の効果を除いた**実質GDP**を推計している（図4-3）。具体的には，消費，投資，輸出，輸入それぞれについて物価指数を求め，その指数で除したものが実質消費，実質投資，実質輸出，実質輸入となり，その合計が実質GDPとなる（本書のGDPについての説明はおおざっぱなものであるが，GDPは広範で詳細な概念なので，さらに学びたい人は経済企画庁（2000）などを参照してほしい）。

これで一国全体の経済変動を測る準備ができた。図4-4は，1955年からの実質GDPの対前年比と5年間平均の成長率を示したものである。図に見るように，実質GDPの成長率は変動を繰り返しながら，傾向的に低下している。傾向的な低下については，第2章で述べた。ここでは変動に焦点を当てる。

なぜ経済は変動するのか：ケインズの理解

なぜ経済は変動するのだろうか。それについてのケインズ（J. M. Keynes；1883-1946）の理解は以下のようなものである（これは大恐慌のような大きな不況を理解するためのモデルで，通常の不況についてのモデルではないという議論があるかもしれない。しかし，ケインジアンを自称する人たちのモデルであると思う）。

消費と投資の相互作用：ISモデルについて

ケインズが経済変動をどう考えていたかについては論争がある。しかし，一般に，理解されていることは以下のようなことである。

ケインズの理解をもっとも簡略したものが，ISモデルである。ISモデルとは，財市場での均衡のみを考えたモデルである。

なぜ経済は変動するのか：ケインズの理解

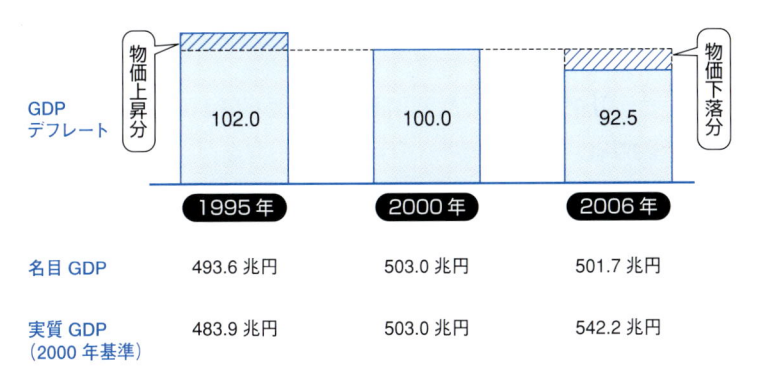

	物価上昇分			物価下落分
GDP デフレート	102.0	100.0	92.5	
	1995年	2000年	2006年	
名目GDP	493.6兆円	503.0兆円	501.7兆円	
実質GDP (2000年基準)	483.9兆円	503.0兆円	542.2兆円	

図4-3　名目値と実質値

図4-4　実質GDP成長率の推移
（データ出所）　内閣府「国民経済計算」

均衡条件

$$Y = C(Y) + I + G + X - M = \alpha_1 + \alpha_2 Y + I + G + X - M$$
（α_1, α_2 は正の定数） (4.1)

ここで，GDPはY，Yは民間消費Cと民間投資Iと政府支出（政府消費＋政府投資）Gと輸出Xの和から輸入Mを引いたものである。民間消費はYの関数で$0 < \alpha_2 < 1$である。民間投資，政府支出，輸出，輸入は，モデルと別の要因で決まるものとしておこう（通常，輸入はGDPの関数で$M = \alpha_3 Y$とすることが多いが，ここでは煩雑さを避けるために別の要因で決まるとしておく）。すると，

$$Y - \alpha_2 Y = \alpha_1 + I + G + X - M$$

したがって，

$$Y = \frac{\alpha_1 + I + G + X - M}{1 - \alpha_2} \tag{4.2}$$

となる。ここでα_2は，GDPのうち消費に回る割合であるから，0.7程度である。したがって（$1 - \alpha_2$）は0.3程度となる。すると

$$Y = \frac{\alpha_1 + I + G + X - M}{0.3} = 3.3 \times [\alpha_1 + I + G + X - M]$$

となる。

この式の意味するところは，何らかの原因によって分子の投資Iや政府支出Gや輸出Xが変動すれば，その3.3倍の大きさとなってGDPを変動させるということである。この3.3というような値を**乗数**という。これは，投資や政府支出や輸出が少し変化するとGDPが大きく変化するということを示す。ケインズの解釈では，とくに投資は将来の期待によって大きく変化するので，経済は大きく変動

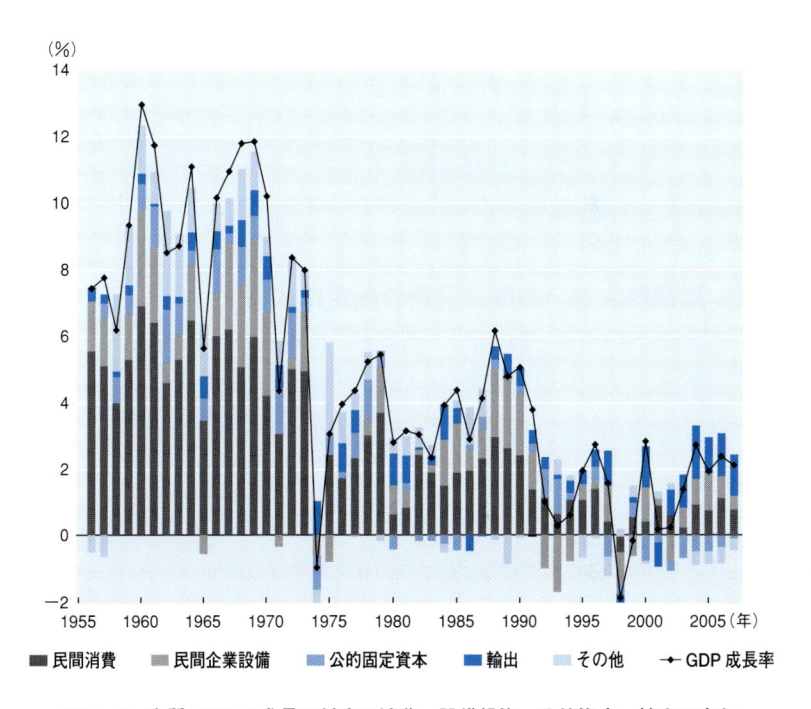

図 4-5 実質 GDP の成長に対する消費，設備投資，公的資本，輸出の寄与

(データ出所) 内閣府「国民経済計算」
その他は民間住宅投資，政府最終消費支出，輸入である。

せざるを得ない。その変動を安定化させるためには，投資の変動を打ち消すように政府支出を変動させることが必要ということになる。

しかし，現実に，そのようなことが起きているかには疑問がある。図4-5は，投資や政府支出や輸出の変動（GDPに占める比率の変動）とGDPの前期比を示したものである。この図を見る限り，投資や政府支出や輸出の変動が増幅されてGDPを変動させるようには見えない。たとえば，1992, 93, 94年と投資が減少しているが，消費はプラスである。1998年に投資が減少したときは消費もマイナスになっているが，そのようなときは少ない。

● 乗数が大きいのは，消費の仮定による

乗数が大きいという結果は，消費がその時点の所得で決まるという仮定によっている。しかし，人々は，今日稼いだものを今日使うという仮定はおかしい。通常人々は，過去の蓄積や将来の予測にもよって，消費を決定する。

そのような，将来を考えた消費行動を説明する理論として，ライフサイクル理論と恒常所得理論という2つの理論がある。

ライフサイクル理論とは，人々はそのライフサイクルに従って消費をするという理論である。人々は，若いときに働き，高齢になると働けなくなる。そこで，働けるときには所得以下の消費をして貯蓄をするが，働けなくなると過去の貯蓄を取り崩して使うという前提から，消費行動をとらえた理論である。

一方，**恒常所得理論**とは，人々はそのとき，そのときの所得ではなくて，自分が恒常的に得られるであろう所得を前提に消費を行うという理論である。たとえば稼得期間の短いスポーツ選手は，多額の契約金をいっぺんには使わないだろう。普通の人々も，一時的に

コラム　現実のマクロ計量モデルでの乗数の扱い

　恒常所得とはあくまでも概念として考えられるものであって，それが現実にいくらであるかはわからない。経済予測や経済政策の効果を分析するマクロ計量モデルでは，恒常所得を，過去の所得の平均のようなものと考える（未来の所得はわからないからである）。具体的には，消費関数は以下のようなものである。

　実質民間消費＝11801＋0.174実質可処分所得＋0.720前期の実質民間
　　消費＋……
　（他に実質利子率，純資産などが説明変数にあるが簡単のために省略した）

（出所）「第5次版EPA世界経済モデル——基本構造と乗数分析」付属資料Ⅱ日本モデルの方程式体系および変数一覧表，『経済分析第139号』内閣府経済社会総合研究所，1995年

　ここで，前期の実質民間消費が入っている意味を次のように考えることができる。0.720の後にある前期の実質民間消費は，11801＋0.174前期の実質可処分所得＋0.720前前期の実質民間消費＋……だから

　実質民間消費＝11801＋0.174実質可処分所得＋0.720（11801＋0.174
　　前期の実質可処分所得＋0.720前前期の実質民間消費＋……）
　　　＝11801＋0.174実質可処分所得＋0.720（11801＋0.174前期の実
　　質可処分所得）＋0.720×0.720（11801＋0.174前前期の実質可処
　　分所得＋0.720前前前期の実質民間消費＋……）……

となる。この右辺の式のうち実質可処分所得に着目すれば

　実質民間消費＝11801＋0.174実質可処分所得＋0.720×0.174前期の実質
　　可処分所得＋0.720×0.720×0.174前前期の実質可処分所得＋……

となる。すると実質民間消費は今期の実質可処分所得の17.4％と過去の実質可処分所得を加重平均したものに依存して決まることになる。
　すなわち，4半期の一時的な所得が消費に与える影響は17.4％でしかない。これは消費が恒常所得（ここでは将来の所得はわからないので，過去の所得の平均とされている）に大きく依存して決定されるからである。人々は，4半期の一時的な所得ではなく，長期的な所得に依存して消費を決定していることが理解される。当然に乗数は小さくなってしまうのである。
　なお，ここで用いたモデルは古いものである。新しいモデルでも，過去の所得の平均が恒常所得とされているが，モデルの定式化がきわめて複雑になっているので，ここでは単純な古いモデルの消費関数で説明した。

所得が上がってもその全部を使わないだろうし，不況で所得が低下しても，それが短期的なものだと思えば，それほど支出を減らさないだろう。すなわち，消費はそのときの所得ではなくて，長期的に得られるであろう**恒常所得**に依存する。ライフサイクル理論の，若いときの所得と高齢になって働けなくなったときの所得を合わせて考えれば，ライフサイクル理論も恒常所得仮説の一部であるともいえるだろう。

恒常所得理論を前提にISモデルと考えるとどうなるだろうか。消費は，現在の所得だけでなく，**過去と将来の所得の予想**に依存して決まることになる。すなわち，消費$C = \alpha_2 Y$ではなくて，

> 消費$C = \alpha_2 Y +$現在の所得以外の過去と将来の所得の予想による要因β

となる。当然に，α_2は小さくなる。消費のうち，現在の所得で決まる割合が10％であるとすれば，α_2は0.1である。すると乗数は，(4.2) 式に当てはめて1.1程度になる。**図4-6**の動きは，乗数が小さいことを示唆しているだろう。他に乗数が小さくなる理由としては輸入の理由，金融の理由，雇用の理由が挙げられる。

輸入の理由

外生的に需要が与えられても，その需要がすべて国内で生産するものに行くわけではない。(4.1) 式の均衡条件において，輸入はGDPに依存するとすれば，輸入$M = \alpha_3 Y$となる。したがって新しい均衡条件は

> 均衡条件
> $$Y = C(Y) + I + G + X - M(Y) = \alpha_1 + \alpha_2 Y + I + G + X - \alpha_3 Y$$
> （α_1, α_2, α_3は正の定数） (4.3)

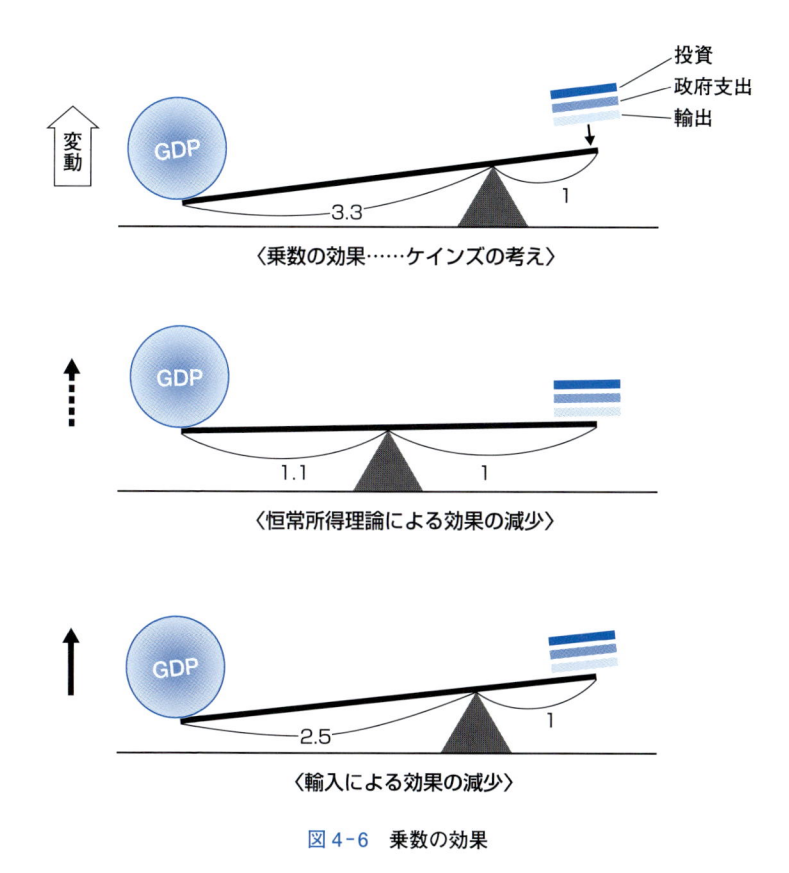

乗数が大きいのは，消費の仮定による　　　　77

変動
GDP　　　　　　　　　　　　　　投資
　　　　　　　　　　　　　　　　政府支出
　　　　　　　3.3　　　　1　　　輸出

〈乗数の効果……ケインズの考え〉

GDP

　　　　1.1　　　1

〈恒常所得理論による効果の減少〉

GDP

　　　　2.5　　　1

〈輸入による効果の減少〉

図 4-6　乗数の効果

したがって,

$$Y = \frac{\alpha_1 + I + G + X}{1 - \alpha_2 + \alpha_3} \tag{4.4}$$

となる。ここでα_3は，GDPのうち輸入に回る割合であるから，0.1程度である。したがって消費の係数α_2を0.7としても，$(1-\alpha_2+\alpha_3)$は0.4程度となる。すると

$$Y = \frac{\alpha_1 + I + G + X - IM}{0.4} = 2.5 \times (\alpha_1 + I + G + X)$$

となる。すなわち，乗数は3.3ではなくて2.5に低下してしまうということである。

金融の理由と雇用の理由

需要が刺激されれば生産が増える。当然，需要項目のうちの投資も増えている。投資が増えれば金利が上がって投資を抑える力が働くはずである。

また，生産が増えるためには雇用が増えなければならない。その雇用はどこから来たのか。ケインズの乗数は失業率がきわめて高い状況を前提としている。そのような状況であれば，乗数が大きいことも考えられるが，やがて雇用は拡大し，失業率が十分に低下して，それ以上は拡大できない状況になる。ケインズの乗数が働くためには，失業率が高い状況でなければならない。

以上のことを考えると，どのような状況でも乗数が大きいとは考えられない。

● 経済が変動する理由

現実を見れば経済は変動している。投資や輸出は大きく変動している。乗数が大きくなくても，GDPの構成要素である投資や輸出

経済が変動する理由

需要の刺激

GDP → GDPの拡大

乗数が働く

乗数が小さくなる理由

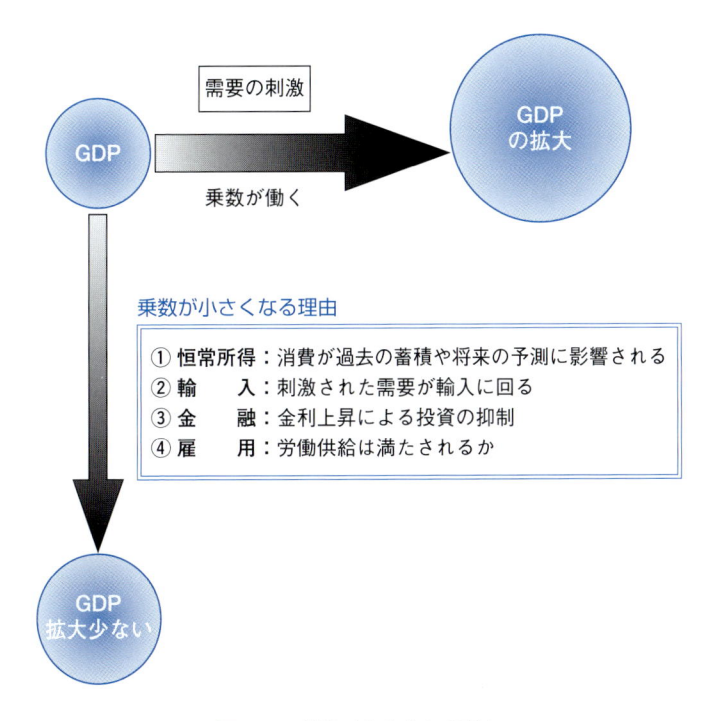

① **恒常所得**：消費が過去の蓄積や将来の予測に影響される
② **輸　　入**：刺激された需要が輸入に回る
③ **金　　融**：金利上昇による投資の抑制
④ **雇　　用**：労働供給は満たされるか

GDP拡大少ない

図 4-7　**乗数が小さくなる理由**

が変動すれば，当然にGDP全体も変動する。投資や輸出は外的環境の変化や新しい技術によって変化する。しかし，技術を経済変動の主因と考えるためには，新しい技術がすべての産業で大規模に生まれ，かつそれが一時的で1年程度で終わってしまうことを仮定する必要がある。だが，そのような技術の変化が常に起こっているとは考えられない。経済にはさまざまなショックがあり，そのショックを増幅する機構があり（乗数であるが，それほど大きな値ではない），その結果が現実の経済変動となっていると考えられるだろう。

また，財政金融政策の両面で，政府や日本銀行が無用なショックを与えることも考えられる。不況期に増税や金融引締めをしたり，好況期に財政支出の増大や金融緩和を行うことである。

80年代末の金融緩和政策は過大であって，90年代初めの金融引締政策も過大であったといわれている。過大な金融緩和は資産価格上昇の期待をもたらし，経済変動を過大なものにするともいわれている。図4-8は80年代半ばから90年代半ばの鉱工業生産とマネタリーベース，マネーサプライ（M2＋CD），コールレートの動き（コールレート以外は前年同期比）を見たものである。80年代末の金利（コールレート）引下げが急激なマネタリーベースとマネーサプライの急上昇を招き，それに伴って鉱工業生産が急上昇していることがわかる。また1989年からの金利引上げがマネタリーベースとマネーサプライの急減をもたらし，生産を減少させたことがわかる。

金融政策と資産価格

ここで金融政策と資産価格の関係を考えてみよう。そのためには，まずフローの所得とストックの価格の関係を考える必要がある。

毎年100万円の安定的な所得をもたらす資産の価格はいくらになると考えたらよいだろうか。そのためには，現在価値という概念を

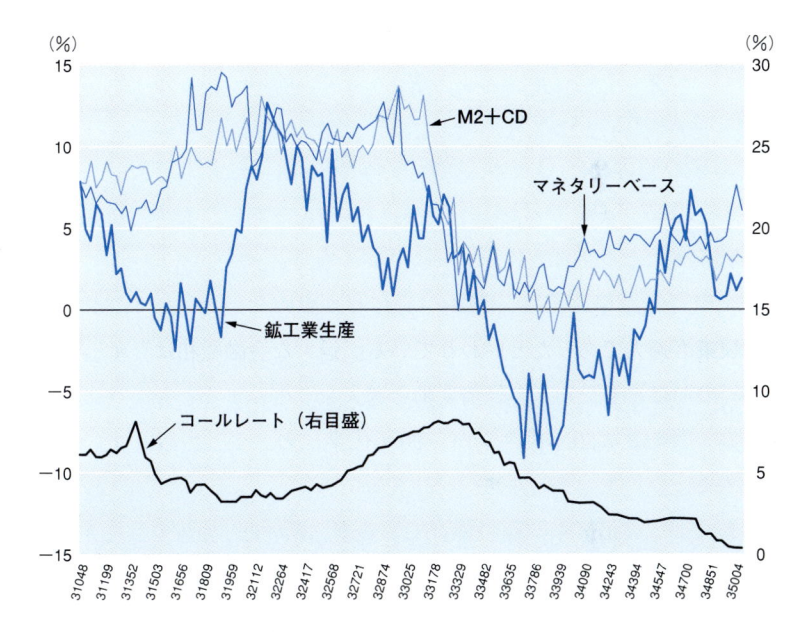

図4-8 80年代末の過大な金融緩和と90年代初の過大な金融引締め

（データ出所）経済産業省，日本銀行，IMF，*IFS*
コールレート以外は対前年同期。

理解する必要がある。ストックの価格は，それの生み出す毎年毎年の所得に依存するが，将来の100万円は現在の100万円より価値がない。それは，資産には利子がつくこと，3年後に100万円あげるから，今100万円くれという約束に応じる人がいないことで明らかだ。1年後の所得はr％だけ価値がないと考えれば，毎年毎年Rの所得を生み出す資産の価格Vは，

$$V = \frac{R}{1+r} + \frac{R}{(1+r)^2} + \frac{R}{(1+r)^3} + \cdots\cdots$$

と毎年の所得Rを$(1+r)$で割りながら無限に足し上げていったものになる。ここでrは割引率と呼ばれる。金利に，将来の所得の不確実性などを加味して，金利より高くなる。

これは**無限等比級数**（Point 4.1）にほかならないから，その和の公式を用いて，

$$V = \frac{R}{r}$$

となる。

以上は，Rが毎年一定の場合であるが，Rが毎年g％ずつ大きくなっていくとしよう。すると，そのような資産の価格Vは

$$V = \frac{R(1+g)}{1+r} + \frac{R(1+g)^2}{(1+r)^2} + \frac{R(1+g)^3}{(1+r)^3} + \cdots$$

となる。ここでも無限等比級数の公式を用いると

$$V = \frac{R}{r-g}$$

となる。所得増加率gが大きくなれば，分母は小さくなり，資産価格Vが大きくなることが理解される。

景気が良くなると，人々はgが大きくなると考え，多大な投資を

経済が変動する理由　　　　　　　　　83

Point 4.1　無限等比級数の公式

$|x| < 1$ のとき，

$$1 + x + x^2 + x^3 + x^4 + \cdots\cdots = \frac{1}{1-x}$$

$$\underset{\text{資産価格}}{V} = \frac{\overset{\text{所得}}{R}}{\underset{\underset{\text{割引率}}{\uparrow}}{r} - \underset{\underset{\text{所得増加率}}{\uparrow}}{g}}$$

割引率 → 金利 ＋ 不確実性

金利 → 金利引下げ → 分母が小さくなり資産価格 V が上昇

所得増加率 → 所得増加率増 → 好景気 → 消費の増加（住宅・車の購入など） → 分母が小さくなり資産価格 V が上昇 → 所得増加率増（循環）

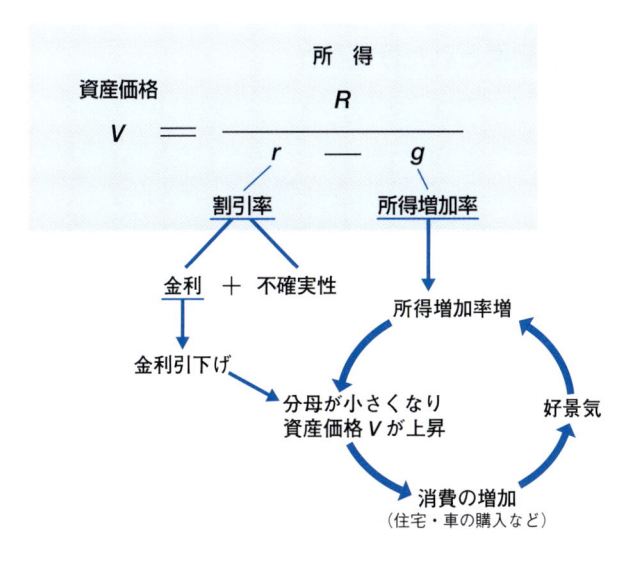

図 4-9　資産価格の式の意味

するようになる。普通であれば，資金需要の増大に応じて利子率が上昇して，V の上昇を抑えることになる。そんなときに，金利を引き下げたらどうなるだろうか。$r-g$ は小さく，V は大きくなり，資産価格が高騰する。資産価格の高騰は財産が増えることだから，人々はより多くの支出をし，より多くの所得が生まれる。所得が増大すればますます資産価格も上がる。しかし，そのような循環は永久には続かない。労働にも資金にも限りがある以上，いずれ賃金や物価が上がり，金利が上がる。ここで循環は止まる。

● 経済変動はどれだけ重要か

　変動自体はたいしたことではない，という説もある。あなたの所得が，毎年3％ずつ上下に変動する場合といつも同じ場合を考えてみよう（表4-1）。あなたは当然，毎年同じ所得が望ましいと思うだろう。では，変動する所得を変動しない所得に変えることにいくらかかるだろうか。そのコストが，変動する所得のコスト，ひいては景気変動のコストと考えられる。変動する所得を同じ所得にするためには，第1期に3借金し，第2期に3返済することを繰り返せばよい。そうすると，コストは3借りることの利子を1年おきに返すことである。利子率を5％としても，3×5％で0.15であるから，平均所得100の0.15％とわずかである。では，ここから景気変動はたいした問題ではないと結論づけることができるだろうか。

　所得が3％減るだけならたいしたことではないかもしれないが，現実の景気変動は，仕事に就けない人の割合が，ある年には増え，別の年には減るというようなものだ。仕事に就けない人の割合が小さくても，その人にとっては人生の一大事である。また，変動が規則正しく3％で上下するわけではない。ある年に100から97まで下

経済変動はどれだけ重要か

コラム 数値例

より具体的イメージを持ってもらうために，仮説的な数字を入れてみよう。初期時点で，Rを100，rを6％，gを2％としよう。Vは$100 \div (0.06 - 0.02)$で250となる。ところが，gが3％になったとき，rを5％に引き下げれば，Vは$100 \div (0.05 - 0.03)$で500と倍になる。資産価格が高騰してしまうわけである。ここで金利が6％のままだったら，Vは$100 \div (0.06 - 0.03)$で333と250の1.3倍にしかならない。

資産価格	rの値	gの値	初期時点からの倍率
250	6％	2％	初期時点
500	5％	3％	2倍
333	6％	3％	1.3倍

表4-1 所得の変化の例

同じ所得	100	100	100	100	100	100
変動する所得	97	103	97	103	97	103

落したら，次の年には97から103まで上昇するとわかっているような景気変動が起きるわけではない。変動は常に先の見えないものだ。これを少しでも小さくすることは意義のあることだろう。

● オリンピック不況：乗数が小さいと思われる事例

　乗数が小さいことを示唆する事実はさまざまにある。たとえば，日本の1990年代初期と2000年代初期の経験である。90年代初期には，政府投資を拡大したが，景気を回復させる力は小さかった。2000年代の前半には，政府投資を削減していたが，景気は拡幅した。

　より興味深い事例として「オリンピック不況」というものがある。オリンピックないしは万博，あるいはサッカー・ワールドカップのような大きなイベントの後には，イベントのための公的支出，それに触発されて拡大した民間投資，民間消費需要が落ち込むために不況が来るという説である。2008年の北京オリンピックや2010年の上海万博に関しても同様の議論があり，これは2008年ないし2010年まで中国の景気が悪化しないという論拠に使われることが多い。

　オリンピックや万博が2008年または2010年まで中国の景気を支えるとしたら，当然，その後は不況になることが予想されるわけだが，これについての判断は曖昧である。

　そもそも，東京オリンピックの後の不況は，実は，オリンピックのゆえに不況になったわけではなかった。日本の冬季オリンピックや世界のオリンピック前後の景気を見ても，オリンピック不況といえるケースは少ない。万博について見ても同じで，万博後に不況になる確率が高いのは日本だけである。

　また，オリンピックのための支出が反動を生むとしても，それがならされる理由とならす手段があり，北京オリンピックや上海万博

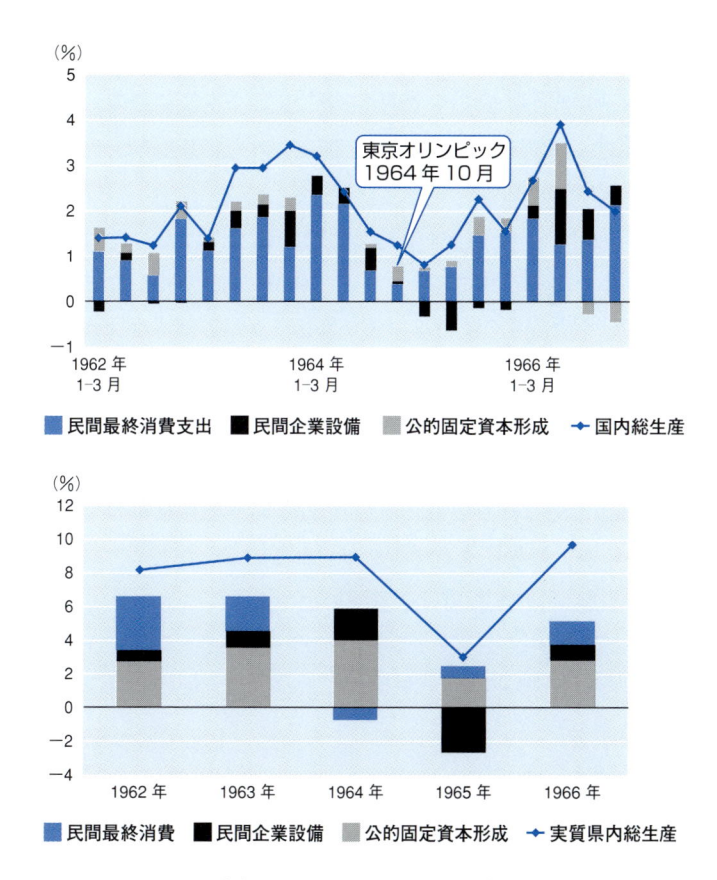

オリンピック不況：乗数が小さいと思われる事例　　　87

図4-10　東京オリンピック不況は存在したのか
（データ出所）　内閣府「国民経済計算」，「県民経済計算」

東京オリンピック不況は事実か

まず事実を見てみよう。日本は過去に夏冬合わせて3回のオリンピックを経験している。そのうち東京オリンピック時の実質GDPの成長率と主要な構成項目（民間消費，民間企業設備投資，公的固定資本形成）の寄与度を，国全体と開催された都道府県で見たのが図4-10（p.87）である。

東京オリンピック（1964年10月）の後に不況になったのは，両図で見るように確かである。しかし，GDPの成長率は63年10～12月期にピークになり，その後，オリンピックが近づくにつれて低下し，オリンピック後の65年1～3月期にボトムとなるが65年4～6月期には反転している。

オリンピック不況がオリンピックのブーム後の反動不況であるなら64年の後半をピークとし，その後65年に不況になるのでなければならないが，微妙にタイミングがずれている。ただし，内閣府の景気基準日付では64年10月が景気の山であり，これはオリンピック不況といえるタイミングである。

都道府県のGDPは年度のデータしかないが，東京だけの年度で見ると64年をピークとして65年がその反動の不況に見える。

札幌冬季オリンピック（1972年2月），長野冬季オリンピック（1998年2月）に関してはオリンピック不況という言葉は使われていない。規模が小さいことから全国的な影響があったと思われていないからだろうが，事実を確認しておこう。

札幌オリンピック時についての日本全体の実質成長率は73年1～3月期まで高まり，その後停滞，74年1～3月期に成長率がマイナスになったが，これはインフレと石油ショックのためである。北海道

オリンピック不況：乗数が小さいと思われる事例

(%)

長野オリンピック
1998年2月

■ 民間最終消費支出　■ 民間企業設備　■ 公的固定資本形成　◆ 国内総生産

■ 民間最終消費　■ 民間企業設備投資　■ 公的投資　◆ 県内総支出

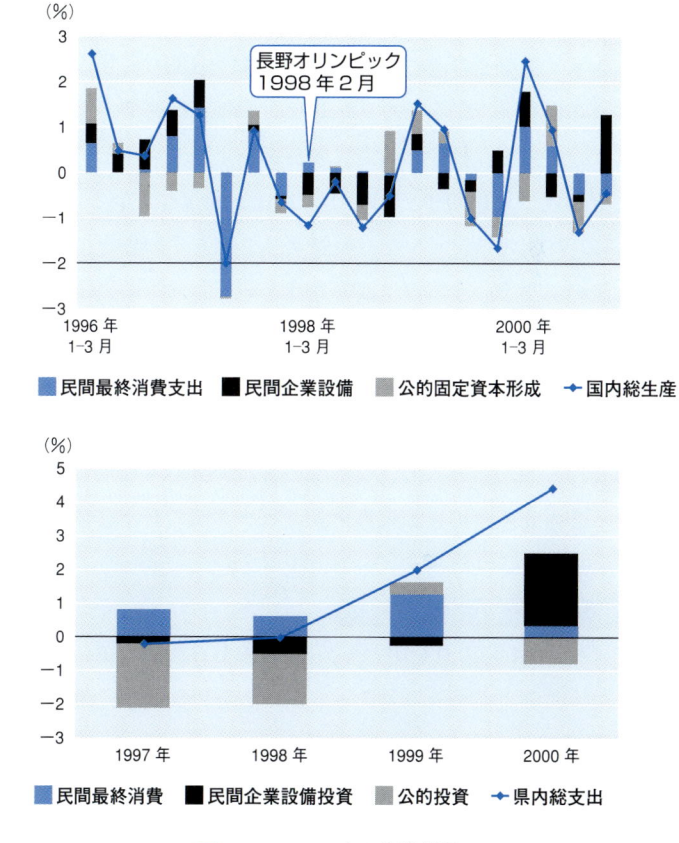

図4-11　1998年の経済状況
（データ出所）　内閣府「国民経済計算」、「県民経済計算」

の経済を年度で見ても73年の停滞はわずかであり、不況は74年に生じている。

長野オリンピック時には、日本全体は不況であり、それは97年度の消費税・年金保険料の引上げ、アジア通貨金融経済危機、金融システムショックなどのためだろう。図4-11（p.89）に見るように、オリンピック後不況どころかオリンピックの年が最悪で、その後はやや持ち直している。長野県の実質成長率を年度で見ると、1997年、1998年とも不況で、1999年、2000年に急速に回復している。

要するに、札幌オリンピック、長野オリンピックの場合にはオリンピック後の不況という事実は観察されない。

日本では東京オリンピック以外に、オリンピックの後に不況がくるという事実は観察されていない。確かに、東京オリンピックの後には不況という事実が観察される。しかし、これは本当に、オリンピックのもたらしたブームの反動不況と解釈できるものだろうか。

そのことを考えるために、東京オリンピック時の日本経済をもう少し詳しく見てみよう。

1965年不況はなぜ起こったのか

1965年不況は64年10月を山とし、65年10月を底としている。この1年で寄与度のマイナスの大きいものは実質民間企業設備投資と民間最終消費である。公的固定資本形成はマイナスだが、そもそも額が小さいので寄与度も大きくはない。公的資本形成の寄与度が高まったのは66年以降のことである。

1965年は確かに不況の年であり、当時、「戦後最大の不況」の年といわれることが多かった。とくに、当時の企業業績は悪かった。企業収益は昭和40（1965）年9月期まで3期連続して減益決算となり、しかもその減益幅は逐期拡大していた。さらに、64年から65

コラム　経済白書における記述

　1966年に公表された昭和41年度版の経済白書の解釈は、以下のようなものであった。

　「今回の不況は、国際収支の不均衡を是正するために、昭和38年末から実施された金融引き締め政策が発端となったものであるが、国際収支が改善したので、金融引き締めは40年の始めから解除された。日銀は、1月、4月、6月の3回に渡って公定歩合を引き下げ、その結果、公定歩合は日歩1銭5厘と26年以降の最低となった。また7月からは市中銀行に対する窓口規制も廃止された。

　一方財政面では、先行き税収不足が見込まれることを考慮して、6月初め予算の1割留保を決定した。しかし、金融を緩和しても不況の進行がやまないので、7月になって、公共事業の促進、1割留保の解除、財政投融資計画の増わく、国債発行の準備等が決定され財政面からも積極的に景気の回復が図られることになった。……不況は秋に底をつき、年末からは幾分明るさがみられるようになってきた」（経済企画庁「経済白書（昭和41年（1966年）度版）」（概況）

　ここでは、オリンピックの影響については一言も触れられていない。すなわち、65年不況の原因は63年末からの金融引締めであったというのである。当時、日本は固定レート制を採用しており、経常収支が赤字になれば金融を引き締めるしかなかった。

年にかけて、日本特殊鋼、サンウェーブ、山陽特殊鋼などの大型倒産があった。山一証券問題が表面化し、心理的に不況感をいっそう大きくしていた。とくに山一証券問題を契機に、昭和40年不況を昭和2年の金融恐慌と対比するような雰囲気を生じたことは、当時の不況を実態以上に深刻なものと感じさせる結果となったという（日本銀行（1986）による）。

　不況だったのは確かだが、『日本銀行百年史』や大蔵省による『昭和財政史』（大蔵省財政史室、2000）の当該箇所や1965年度、1966年度の「経済白書」を読んでも、不況をオリンピックに関連づける記述は見当たらない（コラム参照）。

世界におけるオリンピック不況

　他の国ではどうだろうか。オリンピックの反動不況という意味は、オリンピックが開催された年にブームが起こり、その反動としてオリンピックの次の年に景気が悪化するということである。

　そこで、オリンピック年（開催年）の実質GDP成長率から前年の成長率を引いたもの（前年差）と、オリンピックの次の年の実質GDP成長率からオリンピック年の成長率を引いたもの（次年差）とを見ると、前年差がプラスで次年差がマイナスになっていなければならない。そこで、横軸に前年差を取り、縦軸に次年差をとると、グラフ上の点は右下の象限に集まっていなくてはならない。

　図4-12は東京オリンピックから2004年のアテネオリンピック（夏季オリンピックのみ）までの10カ国の前年差と次年差を示したものである（IMF, *International Financial Statistics* からデータの得られる国のみを示している。1980年のモスクワオリンピックについてはソ連のデータが得られない）。

　図に見るように、右下の象限にある国は日本、メキシコ、カナダ、

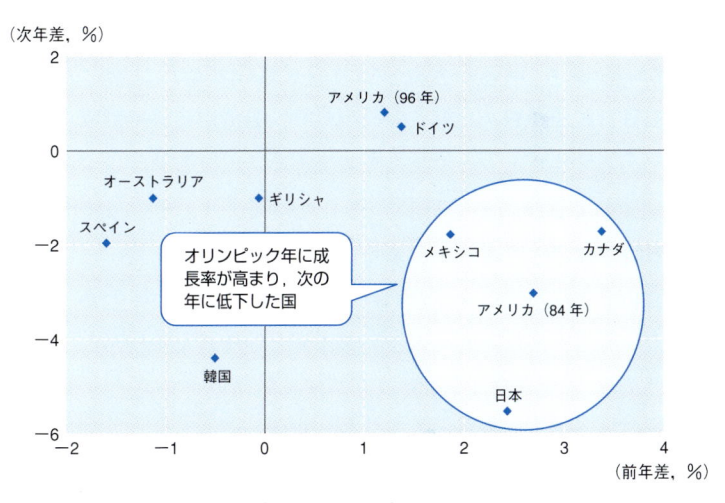

オリンピック不況：乗数が小さいと思われる事例　　93

(次年差, %)

グラフ内ラベル：
- アメリカ(96年)
- ドイツ
- オーストラリア
- ギリシャ
- スペイン
- メキシコ
- カナダ
- アメリカ(84年)
- 韓国
- 日本

吹き出し：オリンピック年に成長率が高まり，次の年に低下した国

(前年差, %)

図 4-12　世界にオリンピック不況はあるか

(データ出所)　IMF, *IFS*、日本は内閣府「国民経済計算」
前年差＝オリンピック年の実質 GDP 成長率－オリンピック前年の実質 GDP 成長率、次年差＝オリンピック次年の実質 GDP 成長率－オリンピック年の実質 GDP 成長率。

アメリカ（ロサンゼルス）の4カ国しかない。そのうち日本については金融引締めのためであることがわかっている。10カ国のうち3カ国とはそれほど高い確率ではない。すなわち，世界においてもオリンピック不況というべき事象はたまにしか起きていない。

万博の後に不況は来るのか

次に，国民的イベントと認識された大阪万国博覧会（1970年3～9月）についても見ておこう。

図4-13・図4-14は，大阪万博時の実質GDPの成長率と主要な構成項目（民間消費，民間企業設備投資，公的固定資本形成）の寄与度を，国全体と大阪とで見たものである。大阪万博時についての日本全体の実質成長率は71年7～9月期に高まり，その後停滞した。景気日付では70年7月が山である。

万博の最中に不況になったわけであるが，円高というわかりやすい不況の原因があったために，万博不況という言葉は使われていない。このときの不況は第1次円高不況と呼ばれている。すなわち，大阪万博のゆえに不況になったとは認識されていない。

世界における万博不況

万博は，日本でも70年の大阪万博のほかに，沖縄海洋博（75～76年），つくば科学博（85年），大阪花博（90年），愛知愛・地球博（2005年）と5回開催されているが，世界的にオリンピック以上の頻度で開かれている。

そこで1970年以降，日本が参加した世界の万博21例について，万博の後に不況に来ているかどうかを図4-10と同じようにして見てみよう。万博の反動不況とは，万博が開催された年にブームが起こり，その反動として次の年に景気が悪化するということである。そこで万博年の実質GDP成長率から前年の成長率を引いたもの（前

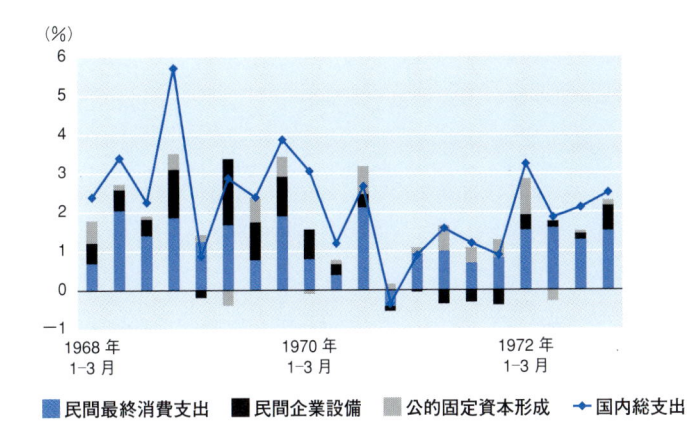

オリンピック不況：乗数が小さいと思われる事例　　　95

図 4-13　大阪万博不況の検証：国全体
（データ出所）　内閣府「国民経済計算」，「県民経済計算」

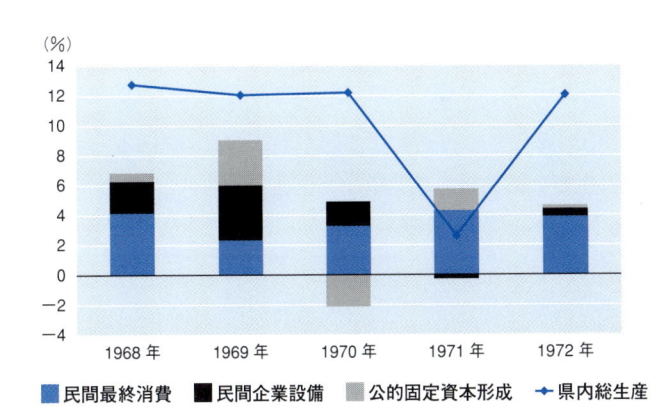

図 4-14　大阪万博不況の検証：大阪
（データ出所）　内閣府「国民経済計算」，「県民経済計算」

年差）と万博の次の年の実質GDP成長率から万博年の成長率を引いたもの（次年差）とを見ると，前年差がプラスで次年差がマイナスになっていなければならない。

横軸に前年差を取り，縦軸に次年差をとってグラフ化したものが図4-15である。万博不況が事実であるならば，図の点は右下の象限に集中していなければならない。しかし，右下の象限にあるのは，万博21回のうち5回しかなく，そのうち2回が85年つくば科学博と90年大阪花博の日本である。日本の場合は5回のうち2回であるから，半分近い確率で不況になったといってもよい。日本はイベント管理のかなり下手な国なのではないだろうか。しかし，世界的に見れば，21回のうち5回で，万博不況はたまにしか起こらないといってよいだろう。

理論的検討

オリンピックや万博のような一時的なブームが景気の変動を作り出すという考えには問題があり，変動を小さなものとする理由及び対策が3つある。

第1は，その考えには理論的に問題がある。もちろん，予期されないブームが景気の変動を作り出すのは確かだろう。バブルはバブルが終わってみなければバブルとはわからないという言葉がある。しかし，オリンピックがいつ始まり，いつ終わるかはわかっていることである。

ブームが終わることがわかっていれば，通常はその準備をするはずである。オリンピックのためにテレビを買い，観戦するためにチケットを買うとすれば，それ以外のものへの支出を抑えるはずである。オリンピックのための支出増をすべて代替しないとしても，ある程度は代替するはずである。

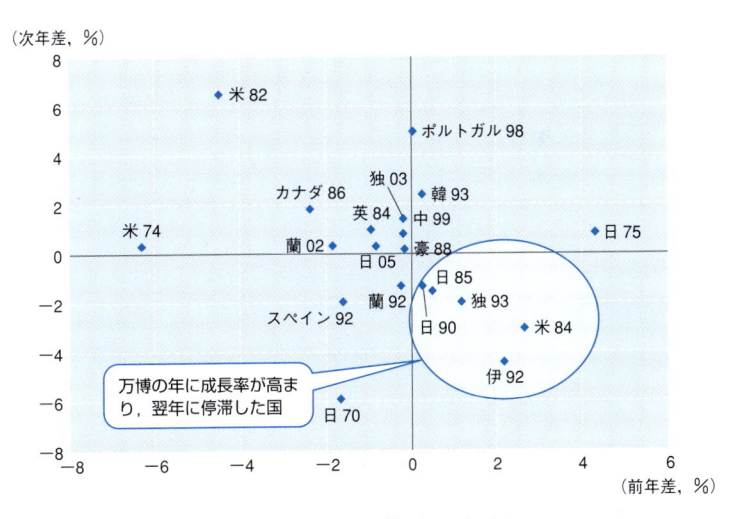

オリンピック不況：乗数が小さいと思われる事例   97

(次年差, %)

グラフ内のラベル：
- 米 82
- ポルトガル 98
- カナダ 86
- 独 03
- 韓 93
- 英 84
- 中 99
- 米 74
- 蘭 02
- 日 05
- 豪 88
- 日 75
- 日 85
- 蘭 92
- 独 93
- スペイン 92
- 日 90
- 米 84
- 伊 92
- 日 70

万博の年に成長率が高まり，翌年に停滞した国

(前年差, %)

図 4-15 世界に万博不況はあるか

(データ出所) IMF, *IFS*, 日本は内閣府「国民経済計算」
1. 前年差＝オリンピック年の実質 GDP 成長率－オリンピック前年の実質 GDP 成長率，次年差＝オリンピック次年の実質 GDP 成長率－オリンピック年の実質 GDP 成長率。
2. 1970 年の日本万国博覧会（大阪万博）以降，日本が参加した万博。

第2に，オリンピックのためと思われる公共投資も，それほど大きなものではなく，かつ，ならされているということである。1964年の公的資本形成の実質成長への寄与は図4-10に見るようにわずかである。しかも，64年以前に支出され，64年には寄与度がほとんどゼロとなっている。東京だけを見ると公的資本形成の寄与は64年度にはマイナスで，65年度になってむしろプラスになっている。

札幌オリンピックのときには北海道の公共投資はオリンピック後に縮小したが不況はむしろ74年に来た。これはもちろん，石油ショックのためである。

長野オリンピックのときには公共投資は1997年，1998年と縮小し，オリンピック後の99年に拡大した。長野の公共投資の動きを説明するのは難しいが，東京の動きは説明できる。オリンピックの準備のために公共投資は，かなり前倒しで行われる。建造物は立ち上げに莫大の費用がかかるが，その後は内部の仕上げをするわけだから，それほど投資支出をするわけではない。公共投資は，かなり前から徐々に支出されるので，オリンピックのための工事が終わったことによる投資縮小の度合いは小さなものとなっている。

民間だけでなく政府もまた，オリンピックがいつ始まり，いつ終わるかがわかっている。オリンピックのための工事をするなら，他の工事をオリンピック後に後回しにすればよいだけである。

第3に，ブームは他の公共工事の繰り延べという以外の手段によってもならすことができる。オリンピックのための公共投資が景気を過熱させるとすれば，金融引締め政策によって過熱を抑制することができる。東京オリンピック不況が，国際収支の不均衡を是正するための金融引締めによるものであるのだから，オリンピックの準備期間に金融を適度に引き締めることによって景気を安定的にする

コラム　なぜオリンピック不況説が定着したのか

　東京オリンピック後の不況がオリンピックのゆえでないのであれば，なぜオリンピック不況という言葉が広がり，かつ，それが真実であると認識されるようになったのだろうか。その理由は十分にはわからないが，オリンピックという戦後日本の大きなイベントの後に不況が来たこと，当時は，その不況の原因が金融引締めであることが明確に認識されていたが，やがて忘れ去られてしまったことによるのだろう。

　東京オリンピックのための競技場も，新幹線も，高速道路も，当時の日本人にとっては驚異的な存在だった。当時は，あれほど多くの外国人が日本を訪れたこともなく，人々は日本選手の活躍に興奮し，平和の大イベントを成し遂げたことに誇りを抱いた。そして，不況がやってきた。あの大イベントの後だから不況が来たと人々が思い込んだとしても不思議はない。

コラム　中国からの反論

　北京大学光華管理学院名誉院長の厲以寧（ソー・イーニン）教授は，一部の国家では，オリンピック開催前に投資ブームが形成され，その反落によって不景気になるが，中国の場合にはそうならないと述べた（人民網日本語版2007年2月5日）。その理由として，①投資の慣性が働く，すなわち，大型プロジェクトがいったん始まれば連続した投資が必要となること，②民間の経済部門がスピード成長していること，③都市・農村住民のニーズがグレードアップし，住宅，レジャー，教育，医療，自動車などの購買意欲は衰えないこと，④環境保護や省資源のための投資が必要になっていること，などにより，中国にはオリンピック不況は来ないという。

　また，北京市の陸昊（ルー・ハアオ）副市長は「オリンピック開催後，北京に大規模な経済衰退現象が起こることはない。今，北京の経済成長は主に，サービス業から来たものである。サービス業の経済全般で占める割合がすでに70％に達しており，北京のサービス業の発展が中国経済の需要を基盤としていることから，オリンピック開催後，北京にいわゆる『ポスト・オリンピック不況』が起こることはあり得ないと信じている」と述べたという（中国国際放送局ネット版2007年6月10日）。

こともできたはずである。もちろん，現実にこのようなことをするのは難しいだろう。さらに，中国の場合には，金融政策を景気安定化政策に用いることに慣れていない。

　対策として推奨できるのは，人々の将来を見わたす能力を信頼し，公共工事を均等化することだろう。

　経済は常に変動している。これをならすことは意義あることだが，ならそうとして，かえって変動を大きくしないようにする必要がある。東京オリンピックの後に来た不況は，オリンピックのための不況ではなかった。仮に，オリンピックのための支出が反動を生むとしても，それがならされる理由とならす手段があり，北京オリンピックや上海万博の後に不況が来ないようにすることは十分に可能である。

第5章
失業とインフレーション

第5章 失業とインフレーション

　これまで述べたように，豊かであるためには，働きたい人がより多く働くことができ，その働き方が効率的であることが必要だ。失業率とは，働きたいのに働けない人がどれだけの割合いるかという指標だが，この失業率が低くなるために何が必要なのだろうか。

　また，失業率が低くなると物価が上がるともいわれている。物価が継続的に上昇すること，すなわち，インフレーションと失業には関係があるのだろうか。

● フィリップス・カーブ

　1970年代まで，失業率を下げるためには，ある程度の物価上昇はやむを得ないという考えが有力だった。物価は，そのときの経済状況と財政金融政策でどれほど需要をつけるかで決まる。ところが，物価と失業率の間に，負の関係があるとされ，この関係は**フィリップス・カーブ**と呼ばれる。すなわち，物価が上がると失業率が低下し，失業率が上がると物価が下がるという関係があるとされる。

　この関係をフィリップス・カーブというのは，イギリスの経済学者，フィリップス（A. W. Phllips；1914-75）が，1861年から1957年のイギリスのデータを元に，縦軸に物価，横軸に失業率を取ると，右下がりのカーブがあることを発見したからだ。しかし，これは短期的な関係であって，長期的には関係がないと認識されるようになった。

　物価と失業率の間に，短期的には負の関係があって，長期的には関係がないことは次のように説明される。物価が上がったときに失業率が低下するのは，物価の上昇によって利潤が増大し，企業が生産を拡大し，より多くの労働を求めるからだ。これが短期的な関係である（**図5-1**）。

〈短　期〉

物価／失業率

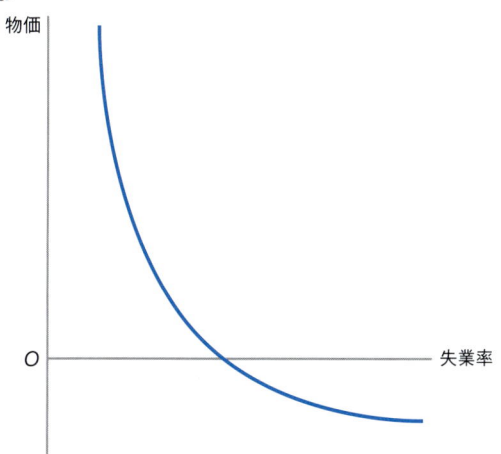

〈長　期〉

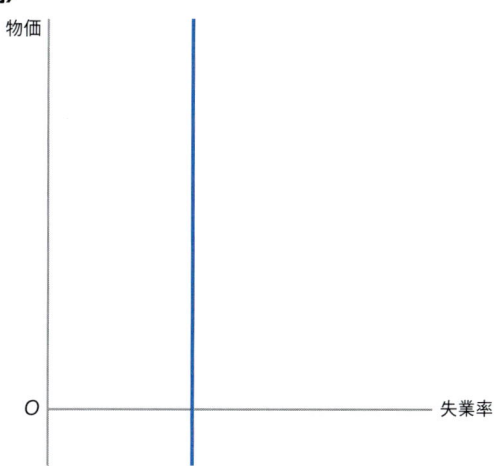

物価／失業率

図 5-1　フィリップス・カーブ（短期・長期）

しかし，物価の上昇によって雇用が増大するとは，実質賃金が低下していることになる。労働者はやがて実質賃金の下落に気づき，名目賃金の上昇を求めるようになる。その結果，利潤は縮小し，雇用も減少し，失業率も上昇してしまう。すなわち，物価が上がれば失業率が低下するという関係は一時的なものにすぎず，長期のフィリップス・カーブは垂直であるというのである。しかし，現実の政策運営にあたっては，この短期とはどのくらいの期間をいうのか，また，短期であるにせよ，インフレ率を低下させるためにどの程度の失業率の上昇を甘受しなければならないのか，ということも考慮しなければならない。

さらに重要なことがある。戦後ほぼ一貫して，世界経済はインフレに悩んできた。したがって，フィリップス・カーブが長期的には垂直だという議論は，インフレ率が2-3％以上のときを前提にしてきた。90年代以降の日本のように，インフレ率が2-3％以下，あるいはマイナスにさえなったとき，フィリップス・カーブはどのような形状をしているのだろうか。

図5-2は，縦軸に消費者物価上昇率，横軸に失業率をとった日本のフィリップス・カーブである。消費者物価上昇率が4％以上であった1961〜73年，2％以上であった1974〜90年においては，フィリップス・カーブは傾きが急な右下がりまたは垂直であるように見える。1961〜73年では失業率1％のところで垂直であるように見える。1974〜90年においては傾きが急な右下がり，または失業率2％のところで垂直であるように見える。すなわち，失業率を2％以下にしようとすると急速な物価上昇を経験しないといけないというように見える。

ところが，1991年以降の物価上昇率が低下したときでは，フィ

フィリップス・カーブ

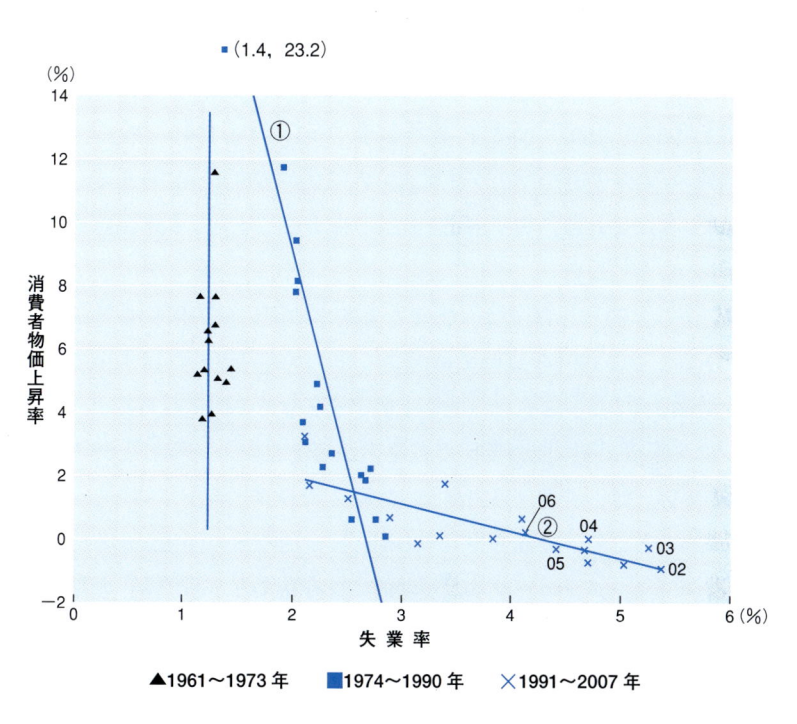

■ (1.4, 23.2)

図 5-2 日本のフィリップス・カーブ
（データ出所）内閣府経済社会総合研究所，総務省
① $y = -13.216x + 35.302$ $R^2 = 0.7802$
② $y = -0.8519x + 3.6792$ $R^2 = 0.6886$

▲1961〜1973年　■1974〜1990年　×1991〜2007年

ッリプス・カーブは小さな傾きの右下がりになっている。傾きが小さいという意味は、物価上昇率をさらに低く、もしくはマイナスにするためには、失業率の大幅な上昇を受け入れなければならないということである。

図5-3は、アメリカについてフィリップス・カーブを示したものである。こちらは期間を少し変えて、1961～69年、1970～73年、1974～90年、1992～2007年までを示している。1961～69年では、きれいな右下がりのフィリップス・カーブがあるように見える。このカーブによれば、失業率を4％以下にするとインフレ率は急激に高まることになる。

しかし、70年以降では、物価と失業率の間に何の関係も見出せない。とくに1991年以降では、フィリップス・カーブは水平であるように見える。これは、物価上昇率を2-4％の間に収めるようにしていたところ、他の要因で失業率が変動したということだろう。他の要因とは、資源価格の高騰、技術革新のブームなどである。

結局のところ、物価と失業率の間に安定的な負の関係があるというフィリップス・カーブは、短期的には存在するとしても、長期的には存在しないとわかった。

しかし、物価上昇率がきわめて低くなったときには、存在する可能性があることを日本の経験は教えている。しかも、わずかに物価上昇率を引き下げるだけで、急激に失業率が上がるというきわめて嫌な関係があるらしいとわかる。物価上昇率を引き下げる、とくに、低いレベルからさらに引き下げるときには、慎重であるべきことが示唆される。

フィリップス・カーブ

(%)

▲1961〜1969 年　　**●**1970〜1973 年　　■1974〜1990 年　　✕1991〜2007 年

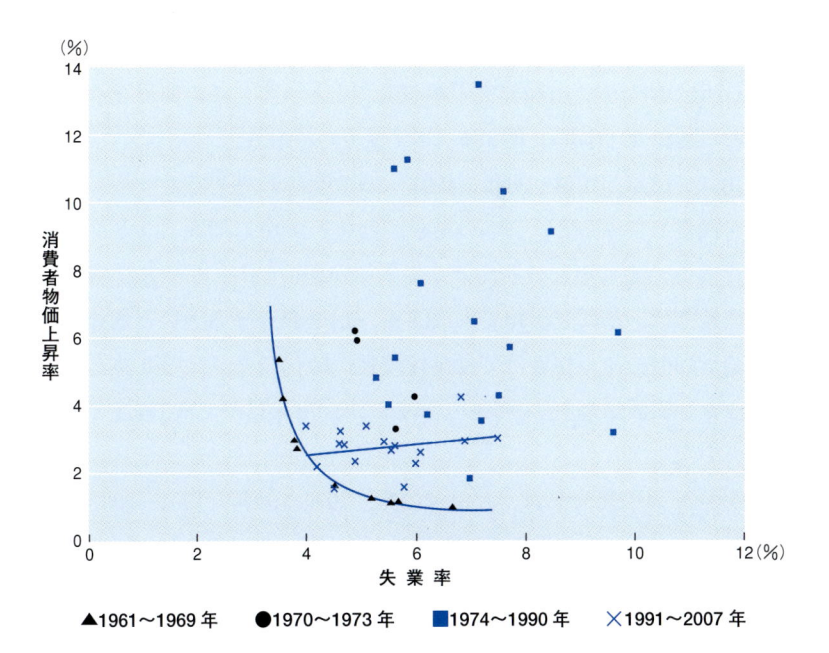

図 5-3　アメリカのフィリップス・カーブ

(データ出所)　米労働省，IMF，*IFS*
$y = 0.1586x + 1.8944$　$R^2 = 0.0579$

オークン法則

さて、これまでは物価上昇率と失業率の関係を述べてきた。次に、失業率と実質GDPの関係を考えてみよう。オークン（A. M. Okun；1928-80）法則と呼ばれているものがある。失業率が1％低下することによって実質GDPが何％上昇するかを示す関係である（これをオークン係数と呼ぶ）。日本とアメリカについて、縦軸に実質GDPの伸び率、横軸に失業率の変化をとって、この関係を示したのが図5-4（日本）、図5-5（アメリカ）である。

1961〜73年、1974〜90年、1991〜2007年のデータでオークン係数を計測してみると、日本の場合、それぞれ10.4、3.8、3.1となる。すなわち、それぞれの期間で、失業率が1％上昇すると実質GDPの成長率は、それぞれ10.4％、3.8％、3.1％低下するという意味である。1961〜73年にかけては高度成長の時代であり、それゆえにオークン係数が大きいのかもしれないが、74年以降では3程度と見てよいだろう。

アメリカの場合には、1961〜73年、1974〜90年、1991〜2007年のデータでオークン係数を計測してみると、それぞれ2.1、1.8、1.6となる。すなわち、それぞれの期間で、失業率が1％上昇すると実質GDPの成長率は、それぞれ2.1％、1.8％、1.6％低下するという意味である。アメリカの場合、この係数は安定しており、2弱と見てよいだろう。

日本とアメリカの係数の違い

以上のことから、失業率が1％ポイント上昇すると、日本では実質GDPが3％減少し、アメリカでは2％弱減少するということである。なぜ日本とアメリカで、失業率の変化に対するGDPの変化の反応が異なるのだろうか。

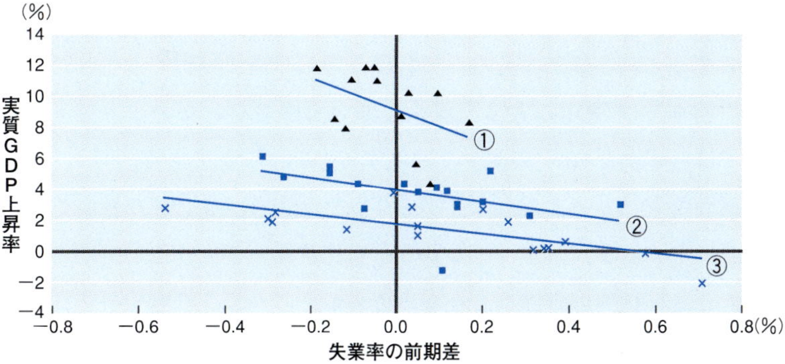

▲1961〜1973 年　■1974〜1990 年　×1991〜2007 年

図 5-4　日本のオークン法則

（データ出所）　内閣府経済社会総合研究所，総務省
① $y = -10.448x + 9.128$　$R^2 = 0.2088$
② $y = -3.8705x + 3.947$　$R^2 = 0.2397$
③ $y = -3.1444x + 1.7201$　$R^2 = 0.5528$

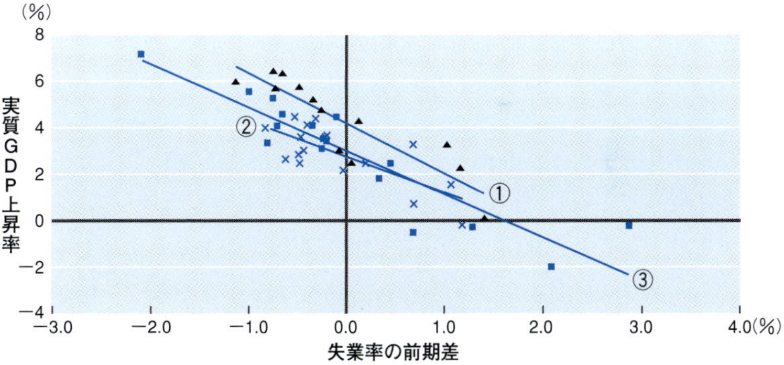

▲1961〜1973 年　■1974〜1990 年　×1991〜2007 年

図 5-5　アメリカのオークン法則

（データ出所）　米労働省，IMF，*IFS*
① $y = -2.1368x + 4.2465$　$R^2 = 0.7898$
② $y = -1.5674x + 2.8157$　$R^2 = 0.5617$
③ $y = -1.8614x + 3.0545$　$R^2 = 0.8278$

失業率が上昇するとは、雇用が減少するということである。日本の場合、同じ雇用の減少に対して、GDPがアメリカよりも大きく減少するということである。これは、むしろ逆に解釈するべきだろう。日本ではGDPが大きく減少しないと解雇をしないが、アメリカではわずかなGDPの減少で解雇するということである。

個別企業にとってみれば、アメリカでは売上が少し減ればすぐ人員整理をするが、日本ではなかなか整理しないということであるから、これは世間の常識にもかなっている。しかし、日本でもアメリカでも、この係数は時系列的に低下している。世界がドライになって、図5-6にみるように、売上が減少すればすぐ人員整理をするようになっているということだ。

オークン法則による1990年代成長停滞の説明

オークン法則によって、90年代の日本の停滞のかなりの部分が説明できる。図5-2のフィリップス・カーブによれば、消費者物価上昇率が1％のときの失業率は2.5％程度であるが、物価上昇率がマイナスになるにつれて失業率は5％以上にまで上昇した。すなわち、失業率は2.5％ポイント増加した。これに3程度のオークン係数をかけると、2.5％ポイントの失業率上昇によって生産は7.5％低下することになる。90年代の実質成長率が現実の1％ではなくて80年代前半の3％と同じであったなら、図5-7にみるように、10年後の実質GDPは現実よりも24％も大きいことになる。すなわち、小さな傾きの右下がりのフィリップス・カーブによって、90年代の停滞の約3分の1（7.5÷24）を説明できることになる。

このようなフィリップス・カーブも、短期的な関係にすぎず、やがて物価上昇率がマイナスの世界でも垂直になり、失業率も低下していくのではないかという反論があるだろう。

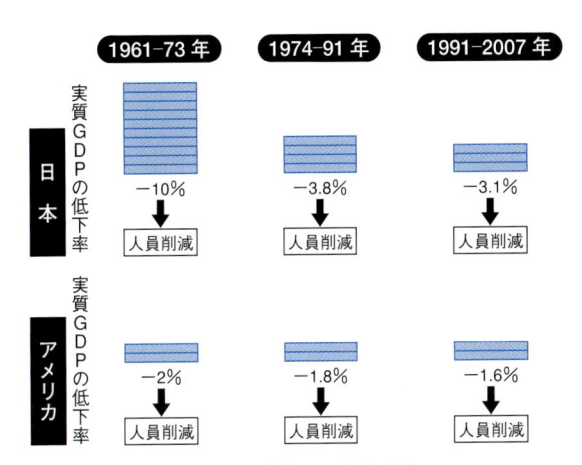

図5-6 日本とアメリカの違い

	1961-73年	1974-91年	1991-2007年
日本 実質GDPの低下率	−10% → 人員削減	−3.8% → 人員削減	−3.1% → 人員削減
アメリカ 実質GDPの低下率	−2% → 人員削減	−1.8% → 人員削減	−1.6% → 人員削減

日本は同じだけの人員削減を行うのに、60年代では10%の生産低下がなければしなかったのに、90年代では3.1%の生産低下で行うようになった。

実質GDP

1990年 100.0 — 成長率1% → 2000年 110.4622
1990年 100.0 — 成長率3% → 2000年 134.3916

24%ちがう

成長率1%とすると10年後の実質GDPは

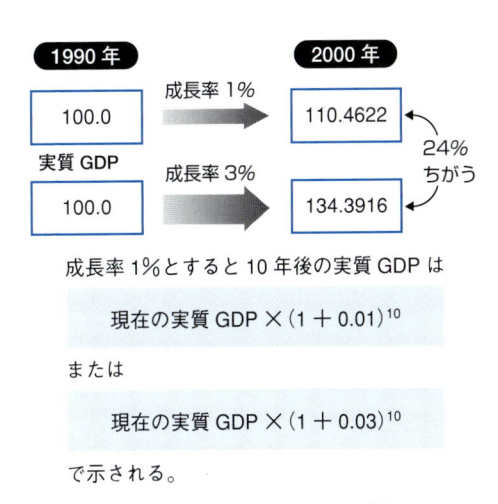

$$\text{現在の実質GDP} \times (1 + 0.01)^{10}$$

または

$$\text{現在の実質GDP} \times (1 + 0.03)^{10}$$

で示される。

図5-7 10年後のGDPの計算

長期的には,そうなるかもしれない。図5-2でも,ほとんどゼロの物価上昇率の中で失業率が2002年以降,5％から4％以下にまで低下している。すなわち,物価上昇率がきわめて低い中でも,物価と失業率の間には関係がなくなってくるといえるかもしれない。しかし,その状況になるまでの10年以上の期間に,失業率の上昇と実質GDP成長率の停滞を経験したのは間違いない。そうなるまでの長期は,かなりの長期である。

ケインズは,長期的には人は皆死ぬといったが,日本がそうなるまでの間の犠牲は無視できない。10％のインフレを2％にするために,短期的に失業という犠牲を払うことは分別のある政策と評価できるだろうが,インフレ率をマイナスにする政策が分別のあるものとは到底思えない。世界の先進工業国の中で,消費者物価上昇率を継続的にマイナスにしているような国は,日本以外には存在しない。

物価の決まり方

では,物価を下落させたのは失敗だったとして,どうすれば物価を下落しないようにできただろうか。

物価がどう決まるかについては,足し算で決まるという考え方と割り算で決まるという2つの考え方がある。足し算で決まるという考えは,物価水準は**個々の物価の平均**であるから,個々の物価の変化が物価全体の変化を説明するというものである。割り算で決まるというのは,物価は**経済全体のマネーストックの量を経済全体の供給量で割ったもの**で決まるという考えである。すなわち

$$物価 = \frac{マネーストックの量}{総供給量} \tag{5.1}$$

となる。

コラム　壺の中の魔神

　そもそも，物価はどのように決まるのか。世界の経済学者は，「インフレもデフレも貨幣的現象であるのだから，デフレ対策としての金融政策は有効である」と考えるが，日本では，いくら金融を緩和してもマイルドなインフレーションは作り出せないと主張する経済学者，エコノミストが多い。そもそも，金利がゼロでは，金融政策は発動できないと主張する。と同時に，誤って金融政策を緩和しすぎれば，インフレが止まらないともいう。

　しかし，上がり出したら止まらないのなら，金融政策は有効ということになる。世界中に，インフレ率が0％の国と10％以上の国しかないのなら，上がり出したら止まらないという主張を信じてもよいが，日本を除く先進工業国の大部分が2％前後のインフレ率である。すなわち，インフレ率を2％にして，そのままにしておくことは可能だということである。清水（1997）は，「インフレ率はある一定機関にわたるマネーサプライの水準をコントロールすることによって対処できる経済問題である」ことが，近年の「マクロ経済学の進歩と金融政策」の結論であると述べている。

　わずかなインフレでもインフレ政策を求めれば，すぐさまハイパーインフレになってしまう。壺の中に魔神がいて，ふたを少しでもゆるめれば，魔神が飛び出て悪さをするというのだが，ノーベル賞受賞の経済学者であるソロー（R. M. Solow）教授は，壺の中に魔神などいないと指摘する（ソロー（1997））。もし，金融緩和が少しいきすぎたのであれば，引き締めて戻ることが許される，というのである。

多くの経済学者は，この考えをとっているが，そうではない経済学者やエコノミストもいる。そうではない経済学者やエコノミストの主張をも検討できるようにするために，(5.1) 式を少し変えて

$$\text{物価} = \frac{\text{財・サービスへの名目の総需要}}{\text{財・サービスの実質の総供給量}} \quad (5.2)$$

とする。名目の総需要は，長期的にはマネーストックで決まるが，マネーの流通速度は変化するとすれば「マネーサプライの量×流通速度」という教科書の説明になる。

一方，名目の総需要＝民間需要＋公的需要＋外需（輸出－輸入）とすれば物価水準は個々の物価の平均というエコノミストの主張も検討できるようになる。すなわち，魅力的な新製品が現れて消費が増える場合，公共事業を拡大させる場合，輸出が伸びる場合も検討できる。公共事業を拡大させれば，その限りでは需要が増えるだろうが，永久に伸ばし続けることはできない。

輸入しないでいくらでも輸出することもできない。輸入すれば分母の総供給量が増えて物価が下がる要因になる。魅力的な新製品がいくらでも出てくれば総需要が伸びるのかもしれない。

しかし，高度成長が終わり，そんな魅力的な商品のなくなった80年代でも，日本では物価は上昇していた。アメリカでもヨーロッパでも，魅力的な商品の分量は日本と変わらないが，90年代は，日本はデフレで，欧米ではマイルドなインフレが続いていた。

分母のほうを考えて，財・サービスの供給量が増大すれば，物価が上がらないということもある。発展する中国が無限に安価な商品を供給することができるので，物価が上がらないと主張されることがある。しかし，中国の商品は世界中に輸出されているのに，物価が下落しているのは日本だけである。図5-8は，図は縦軸に消費者

物価の決まり方　　　　　　　　　　　115

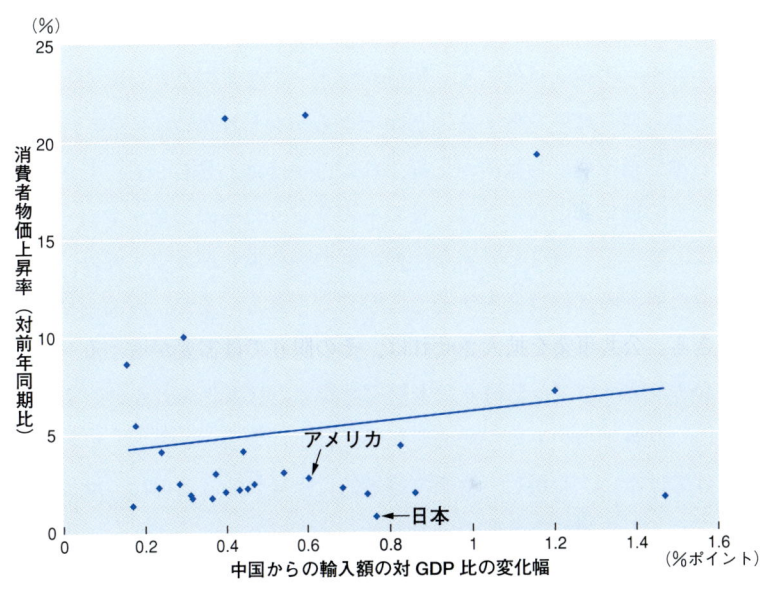

図 5-8　中国からの輸入の増加と物価上昇率

（データ出所）　OECD, *International Trade by Commodities Statistics*, *Economic Outlook*
数値は 1990 年から 2000 年までの期間においてデータが最大限に取れる範囲のもの。対象国はトルコ，ルクセンブルクを除く OECD 加盟 28 カ国。
$y = 2.2362x + 3.9307$　$R^2 = 0.0159$

物価上昇率，横軸に中国からの輸入の増加（中国からの輸入対GDP比の変化幅）を描いたものである。これを見ると中国からの輸入が増えるほど，むしろ物価が上がるという関係があるようにさえ見える（ただし統計的には有意ではない）。日本のほうがアメリカより中国からの輸入が増えているが，日本の物価上昇率のほうが低い。

中国からの輸入以外にも，物価がマネーで決まらないとする，ありとあらゆる理屈を考えることができるかもしれない。

石油価格や農産物価格が上昇すれば，物価は上昇しうる。しかし，これらの価格が上がるとは，他のものを買うためのお金が少なくなってしまうということである。他のものへの需要が減少すれば，これらのものの価格は低下することが考えられる。また，原油価格が上昇しても，2008年に140ドルになったものが，2009年200ドル，2010年には400ドルと倍々に上がっていくとは考えられない。もちろん，原料価格の上昇が物価を一時的に上げることを否定しているわけではない。しかし，物価を継続的に上昇させうるのは，マネーサプライの持続的な上昇のみである。

では，現実に物価とマネーの関係はどのようであったのだろうか。図5-9は10年ごとのマネー（M2＋CD）と消費者物価（CPI）の上昇率を比較したものである。マネーの長期的な伸びが低下するとともに物価上昇率が低下し，最後にはマイナスになっているのがわかる。ただし，80年代から90年代にかけてマネーの伸びは大きく減少しているのに，物価上昇率の低下はわずかである。前述のように，マネーサプライと物価の関係は，一対一の密接な関係というわけではない（コラム参照）。

物価の決まり方　　　　　　　　　　　　　　117

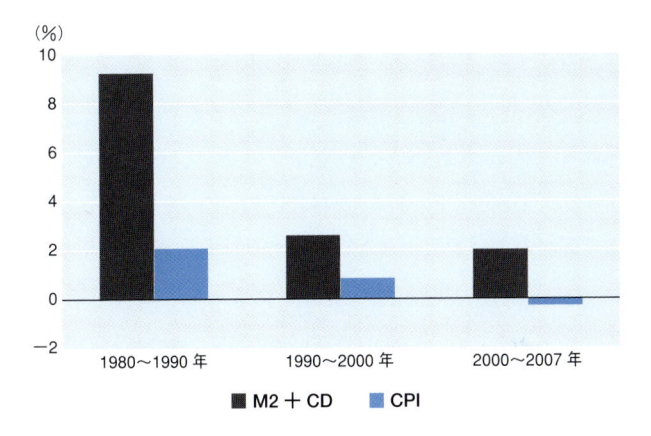

図 5-9　マネーストックの伸びと消費者物価上昇率
（データ出所）　IMF, *IFS*

コラム　マネーの流通速度

マネーサプライは，支出との一対一の関係はない。マネーの流通速度は変化する。以前の式，物価＝$\frac{マネーサプライの量}{総供給量}$ は

物価＝マネーサプライの量×マネーサプライの流通速度÷総供給量

となる。マネーの量が同じでも，それが速く使われれば物価は上昇することになる。物価が上がっていれば，手元のお金の価値が減少してしまうから，人々は手元のお金を一刻も早く使いたいと思うだろう。すなわち，マネーの流通速度は上昇する。物価が下落していれば，手元のお金の価値が上昇するわけだから，人々は手元のお金を急いで使おうとはしないだろう。マネーの流通速度は低下することになる。

マネーの増やし方

 マネーが物価に与える影響を認めたとしても，金利をゼロにしてもマネーが増えないのだから，そもそもマネーを増やすことはできない，したがって，金融政策によってデフレを終わらすことはできないという反論があるかもしれない。しかし，90年代の初期には金利はプラスであり，プラスの金利は引き下げることができた。

 では，金利がゼロになった時点で何ができるだろうか。

 まず，日本銀行は，貨幣を発行していくらでも国債を購入し，マネーを増大することができる。これに対して，金利のつかない貨幣でほとんど金利のついていない国債を買っても，ほとんど同じものを交換しているだけなのだから，ほとんど何の効果もないという主張がある。

 しかし，長期の国債には金利がつき，金利がほとんどつかないのは短期の国債である。ところが，貨幣とは金利のつかない永久の国債なのである。したがって，バーナンケ（2001）が指摘するように，金利のつかない永久債券（貨幣）を金利のつく有限期間の国債と交換すれば，必ず物価を上昇させる効果があるはずである。

 にもかかわらず，多くの人々は，マネタリーベースをいくら増大しても，マネーは増えず，物価は上がらないと主張している。もし，その主張が正しいとすれば，日本銀行はインフレを恐れずいくらでも国債を買うことができる。幸か不幸か，日本にはいくらでも国債がある。それを全部買い切って，かつインフレにならないということがあるだろうか。

 もし，インフレにならないというのなら，すべての財政支出はマネーの増加で賄うことができ，税金は不要で，財政赤字は少しも問題ではないということになる。これはあり得ないことである（これ

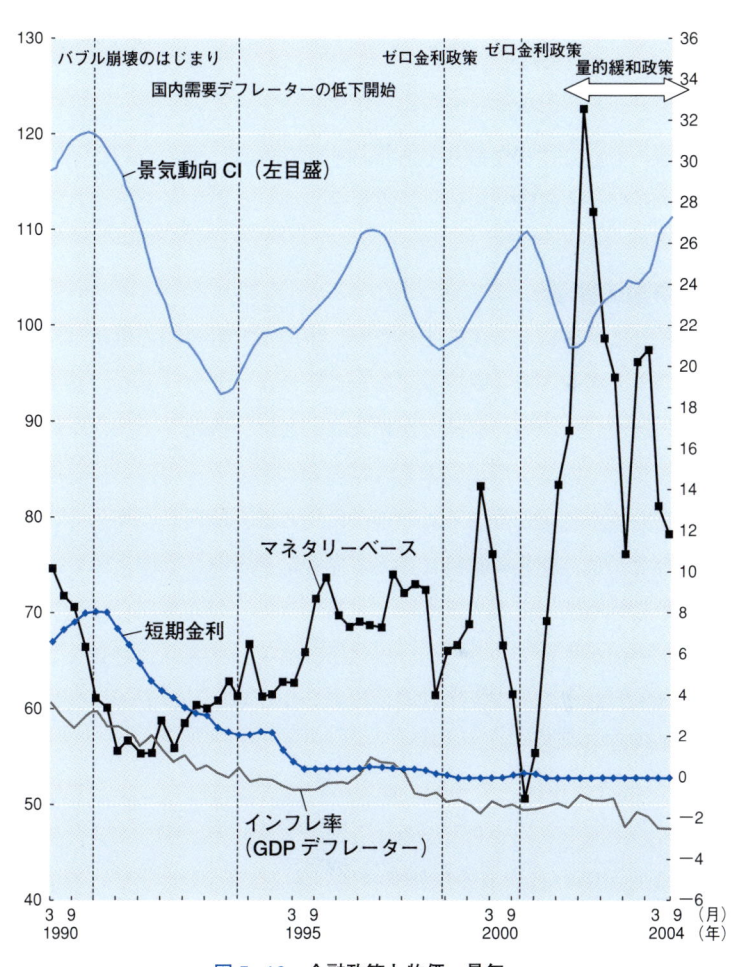

図 5-10 金融政策と物価・景気

(出所) 飯田泰之・中里透『コンパクトマクロ経済学』新世社，2008 年マネタリーベースはベースマネーの前年比，インフレ率は前年比短期金利はコールレート（銀行間短期貸借利子率）を示している（すべて左目盛，%）。

はバーナンケ（2001）及び学習院大学の岩田規久男教授の指摘による）。したがって，国債を買い切っていく途中で，必ず物価が上昇し，かつ，それを2％の安定的なレベルに止めておくことができるということだ。安定的なレベルに止めておくことができることについては，すでに述べた通りである。それを確実にするためにインフレ・ターゲット政策（後述）を採用するのもよいアイデアだろう。

🌏 中国の影響

現在では下火になってしまったが，中国など新興国の供給力が爆発的に増大するのでインフレになることはないという議論が盛んだった。しかし，中国の供給力が増大するとは，供給して所得を得るということである。所得が増えれば需要も増える。中国の需要増は価格を上げる要因にもなる。中国の供給と需要は同じように伸びていくのだから，世界の物価に与える影響は基本的には中立的である。

しかし，中国が需要するものと供給できるものとの間には差異がある。中国が供給できるもの――電子製品，繊維製品，雑貨などの価格は下がるだろうが，中国が供給できないもの――資源，食糧などの価格は上がっていくだろう。

図5-11は，中国と主要国の世界の石油消費に占めるシェアを示したものである。図からわかるように，アメリカ，フランス，日本などの先進国の石油消費量が頭打ち，あるいは減少している中で，中国の消費量は急速に増加している。これは石油価格を上昇させる圧力を生み出しているといってもよいだろう。

では物価は平均でどうなるかといえば，それはマネーの量が決める。

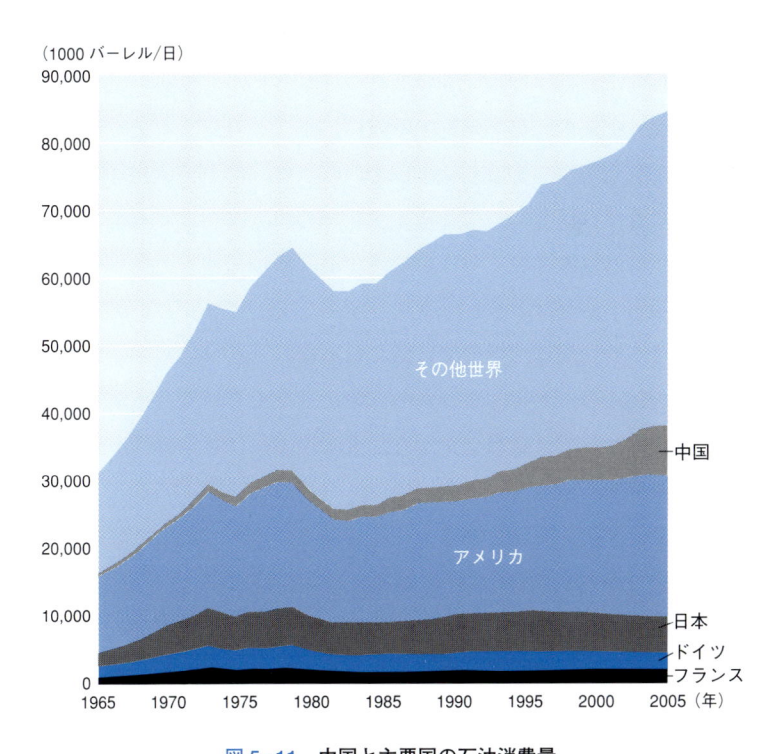

図 5-11　中国と主要国の石油消費量
（データ出所）　BP "Statistical Review of World Energy 2008"

デフレを終わらすことの障害は何か

　長いデフレは，デフレの終焉に多少の障害を作り出してしまった。デフレによって物価が下がり，景気が悪化し，その結果，世界史的な名目低金利が生まれた。

　金利とは何かといえば，企業が銀行から借金をして投資をした結果，得られた利益から払うものである。もちろん，金利をいくらにするかは，企業の利益が確定する前に，銀行との交渉で決められる。しかし，企業がいつまでも儲からないのなら，やがて金利は低下していくだろう。さらに，ここにデフレが加わる。ここで問題にしている金利は名目の金利である。物価が上げれば金利も上昇しやすいが，物価が下がれば金利も低下しやすくなる。デフレと不況の長期化で，日本の金利は世界史的に低くなった。

　不況が続くのだから，銀行からお金を借りてくれる企業は減っていく。この状況で，貸出先がなく，資金運用難に悩む銀行が国債を大量に保有するようになった。

　ここで，デフレを阻止するためにインフレ・ターゲット政策（岩田（2008）第7章参照）を採用したらどうなるだろうか。日本銀行がインフレ・ターゲット政策を採用し，消費者物価上昇率が2％になるまで断固として国債の買切りオペを続ければ，マネーが上昇し，実質金利が下がるが，やがて物価も名目金利も上昇する。名目金利が上昇すれば，国債価格が下落する。

　銀行が多大な国債を抱えている現状では，それによって多くの銀行は損失を被るかもしれない。ただし事実認識として，全国銀行，ないしは都銀，地銀，第二地銀などとグルーピングしたレベルでは，そうたいしたことにはなりそうではない。もちろん，これは特定の銀行にとって深刻であることを否定しているわけではない。

コラム　金利変動と債券価格の変動

金利変動と債券価格の変動の関係は以下のようになっている。価格1万円のある債券に毎年i％の金利が支払われるとすればこの債券はn年後には

$$1万 \times (1+i)n 円$$

になっている。この債券の現在価値は，債券購入後の金利がr％であれば

$$1万 \times \frac{(1+i)n}{(1+r)n} 円$$

となる（この算式は満期で元利合計が一括して支払われる債券の価格を表している。国債は期日ごとに金利が支払われる債券なので，価格の計算はもう少し複雑になるが，金利がそれほど高くなければ数値にそれほど大きな違いはない）。

iとrが同じであれば，この債券の現在価値はもちろん1万円である。しかし，もし債券購入後に金利が変動すれば価格は変化することになる。表5-1は，購入時1.5％の金利の債券が，その後の金利の変化と残存期間で，どのように変化するかを表したものである。表に見るように，購入後の金利が1.5％で変化しなければ債券価格も変化しない。購入後の金利が購入時の金利よりも上昇すれば債券価格は下落し，残存期間が長ければその下落の程度は大きい。

表5-1　金利変動と残存期間による債券の現在価値（購入時の金利1.5％）

購入後の金利	残存期間（年）									
	1	2	3	4	5	6	7	8	9	10
1％	1.005	1.01	1.015	1.02	1.025	1.03	1.035	1.04	1.045	1.051
1.5％	1	1	1	1	1	1	1	1	1	1
2％	0.995	0.99	0.985	0.981	0.976	0.971	0.966	0.961	0.957	0.952
3％	0.985	0.971	0.957	0.943	0.929	0.916	0.902	0.889	0.876	0.864
4％	0.976	0.953	0.93	0.907	0.885	0.864	0.843	0.823	0.803	0.784
5％	0.967	0.934	0.903	0.873	0.844	0.816	0.789	0.762	0.737	0.712

第6章
所得分配と格差社会

🔵 所得分配の重要性

なぜ所得分配が重要なのだろうか。経済成長に貢献した人としない人の所得に差があるのは当然ではないかという意見もある。しかし，それを認めた上で，豊かな人々の富が，日本全体の富を増進させるものではなく，その富が，略奪，搾取，あるいは単なる運によって得られたものではないかという意見もあるだろう。

確かに，努力にしても報われないことは多いし，経済成長への貢献と所得は比例していない場合が多い。また，疾病など，運悪く生活の道を立てることが困難になってしまう人も多い。そのような人々を社会が助けることは，どこまで助けるかには議論があるだろうが，助けること自体は当然だと，多くの人が考えているだろう。

しかし，既存の富は不公正なものだから，それは略奪するに値すると考えだせば，社会はとんでもない災厄に巻き込まれる。そんなことはしないほうがよく，既存の富は，もちろん運もあるが，概ね公正な努力と才能の結果だと人々に思えたほうが，社会の在り方としてはまともである。

日本の場合は，どうだろうか。すべての富が正当なものとは思われていないだろうが，それは略奪するに値するとも考えられていないだろう。そういう意味では，現在の日本はまともな社会といえる。本題に入る前に，富を略奪だと考えたとき，何が起きるかについてコラムで述べておこう。

🔵 格差社会を生む5つの可能性

1990年代の末ごろから，格差について多くの議論が聞かれるようになってきた。2005年くらいからは，構造改革が格差を拡大したという議論が盛んになっている。

コラム　富を略奪という認識の誤り①

　大正7（1918）年，後に昭和12～14（1937～39）年と昭和15～16（1940～41）年に首相となる近衛文麿は，「英米本位の平和主義を排す」という論文を書いている。この要旨は以下のようである（要約は，岡義武『近衛文麿』岩波新書，1972年による）。

「第一次世界大戦後の世界において，民主主義，人道主義の思想がさかんになることはもはや否定できない。しかし，残念なことに，近来わが国の論壇が英米政治家の華々しい宣言に全く魅惑されて，彼らの民主主義，人道主義の背後に利己主義が潜んでいることを洞察できず，これを正義人道の要求に合致するものとみなすのは見苦しい。英米論者の言う平和とは，実は彼らに都合の良い現状維持のことであり，それを人道の名において美化しているのである。戦前のヨーロッパの状態は，英米にとって最善のものであったかもしれないが，正義人道の上からはそうとは言えない。英仏などは，すでに早く世界の劣等文明地方を植民地に編入し，その利益を独占していたため，すべての後進国は獲得すべき土地もない状態であった。このような状態は，各国民の平等生存権を脅かすものであって，正義人道に反すること甚だしい」

　要するに，英米の富は既得植民地からの略奪から生まれたものであり，先に略奪したものがそれを望ましい秩序とし，民主主義，人道主義の言葉で現状を正当化するのは許されない。富を持っていない日本のような「後進国」は，略奪ゲームをやり直す権利があるといっているのである。

　これに対して，明治の日本人は，富は人民における自主の精神と実用の学問の普及から生まれると認識した。明治4（1871）年，政府は，岩倉具視を全権大使として，維新の立役者，木戸孝允，大久保利通，伊藤博文ら総勢48人の大使節団を欧米に送った。彼らは，アメリカの経済的成功の秘密を次のように見た。

「欧州の自主の精神，特にこの地に集まり，その事業も自ずから卓楽闊達にて，気力はなはださかんなり。自主の力を用うるに自在にて，ますます欧州人民の営業を起こす地となりし。この驚くべき国利を増進したるは，その首領となる子君子が，自主の精神他に優れ，実用の学術を教えたる功なり」と（久米邦武編『特命全権大使米欧回覧実記』（一）岩波文庫，1977年，原著1878年）。　　　　　　　　　　　　（p.129につづく）

日本を格差社会にする，あるいはした可能性のある要因は，5つ考えられる。第1は高齢化である。第2は若者の雇用環境が悪かったことである。第3は，グローバリゼーションである。第4は，夫婦とも働くカップルが増えていることである。第5は，要因ではないが，地域ごとの格差である。以下，順を追って詳しく見ていこう。

高齢化に伴う所得分配の不平等化

格差の問題でもっとも徹底的な検証をしたのは『日本の不平等』（大竹（2005））だが，これによると不平等化は高齢化に伴う現象で，それを調整した後では格差は拡大していないという。高齢者の所得格差は大きく，高齢化で所得格差の大きい人々が多くなれば，社会全体の格差も広がる。これが第1の格差の要因である。

しかし，この分析は実感に合わないところがある。私たちが格差を意識するのは，若くして成功した人を見るとともに，なかなか就職できない若者を見るからではないだろうか。『日本の不平等』は，主として家計間の格差を問題としているので，この問題が見えにくくなっている。貧しい若者も大成功した若者も，家計調査に応じてくれそうにはないし，単身世帯の調査はあまりないからだ。

90年代に若者の所得分配が不平等になったもっとも大きな理由は，「フリーターの増加と労働所得格差の拡大」（太田（2005））によれば，正社員になれた若者とフリーターのままの若者の所得格差が大きかったことだ。正社員の中の格差より，正社員とフリーターの格差のほうが大きいから，正社員になれない若者の比率が高まれば，所得分配は不平等になる。また，若年失業者も増えた。失業者の賃金はゼロだから，当然に所得分配は不平等になる。これは第2の格差の要因であるので次項に述べたい。

コラム　富を略奪という認識の誤り②

　すなわち，明治維新の指導者たちは，経済発展の要諦は，人民における自主の精神と実用の学問の普及だと認識している。ここで実用の学問とは，儒教批判であり，欧米のプラグマティズムへの評価でもある。欧米列強が黒船で日本に開国を迫ったとき，儒学は何の役にも立たなかった。役に立つ学問を国民に広げ，人々の精神を盛んにすれば富を創造でき，国を富ませば，強兵と国家の独立が可能になると認識している。

　明治の日本人は，富は自ら創造するものだと認識したのに，昭和初期の日本人は，富は略奪だと認識した。富を略奪であると認識し，しかも，それが欲しいといえば，戦争をするしかない。近衛が，「英米本位の平和主義を排す」を書き，政治の頂点に上がろうとしたときから，日本が戦争をするのは必然だった。近衛の認識は，倫理的に正しくない上に，事実としても誤っていた。略奪によって富を得ようとすれば，略奪される側も抵抗する。満州事変ではすぐ逃げていた中国軍も，次第に頑強に抵抗するようになってきた。

　アメリカの経済的成功の秘訣についての認識は，明治の元勲に共通のものだった。もちろん，戦前昭和にも，石橋湛山のように，富を略奪であると認識することの誤りを指摘していた人々はいた（「大日本主義の幻想」『石橋湛山評論集』岩波文庫，1991年，原論文1921年）。しかし，それは明治のように，権力エリート共通の認識にはならなかった。

　戦後の繁栄と平和と自由は，戦前昭和を否定し，富は略奪ではなく創造できると考えたことから始まったことを忘れてはならないだろう（このような議論については，原田（2007）参照）。

高齢化にともない所得分配がどのように変化してきたかを，図6-1で，年齢ごとのジニ係数がどのように推移してきたかを見ることで考えみよう。ジニ係数とは所得分配の状況を表す係数で，この指標が大きいほど不平等ということになる，横軸の平均のところでジニ係数を見ると，1979年から2004年まで，一貫して所得分配が不平等になってきたことがわかる。しかし，年齢ごとのジニ係数を見ると，一貫して不平等になっているという傾向は見られない。60歳代，70歳代では，1989年を例外として，ほぼ一貫して平等になっている（1979年の60歳代，70歳以上のデータは存在しない）。

これは，年金制度の充実で，ほとんどの高齢者が年金を得ることができ，所得のない高齢者が減少したことによるのだろう。40歳代，50歳代についても最近になって不平等度が高まるという傾向は見られない。ところが，これまで不平等度の低かった30歳未満，30歳代では，最近になって不平等度が高まっている。これは90年代以降の不況によって，正規社員になれなかった若者が増大したことによるのだろう。すると最近になっての不平等度の上昇は，高齢化，若者の格差の増大によると考えられる。

高齢化に伴う格差には対処しようがない。所得は，人々の才能と努力と運の結果である。人々が自らの意志で努力し，リスクを負担するのを制約すれば，高齢社会に向かう日本は，貧しくつまらない国になってしまうだろう。必要なのは，セイフティネットを作ることで，無理やり格差をなくすことではないだろう。

● 若者の雇用悪化

第2の格差の要因として，若者の雇用環境の悪化が挙げられる。

90年代以降の大停滞期に，若年（15～24歳）失業率は上昇し，

若者の雇用悪化　　　　　　　　　　　　　　　　　　　　131

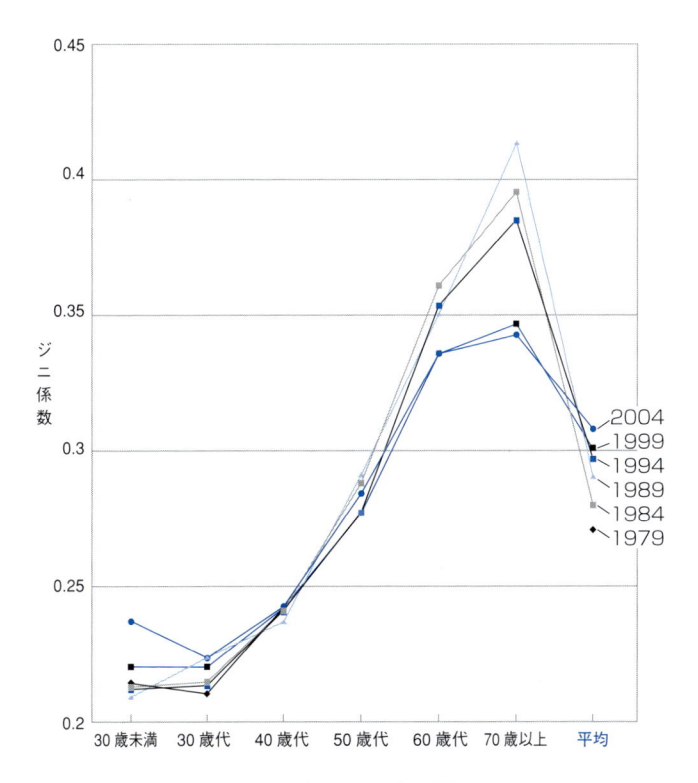

図 6-1　年齢別のジニ係数

（データ出所）　総務省「全国消費実態調査」各年および要約
2 人以上の一般世帯。2004 年は速報。1979 〜 94 年の各年齢世帯階級の値は 2 つの 5 歳階級の値を平均した値。1979 年の 60 歳代, 70 歳以上の値は欠落している。

とくに，金融システム危機，アジア経済危機の起きた98年のマイナス成長期には7.7％にジャンプし，2003年のピーク時には10.1％にまでなった。

　若年失業者はニート，フリーターともイメージが重なることから，日本という国の大きな社会問題，構造問題であると解釈されることが多い。しかし，若年（15～24歳）失業率は2002年以降の景気回復により低下し，2007年には7.7％にまで低下した。また，若者の失業率は90年代の経済停滞とともに上昇していた。

　このような若者の雇用悪化は，当然に，正規社員の職を狭め，非正規社員として長期にわたってアルバイトの職にしか就けない若者を増大させ，所得不平等の要因になっている。この問題をどう解決したらよいだろうか。

　この問題に対しては，構造問題であるという意見が強かった。しかし，90年代は長期停滞期であり，2002年以降は回復期である。とすると，若年失業率の上昇も下降も，多くは経済全体の景気状況で説明できるものではないだろうか。

　もちろん，豊かな社会で若者の社会的適応力が低下している，実業を重視しない教育が若者を職場から遠ざけている，自分探し志向が地道な職業観を歪めているなどの社会問題，構造問題があることを否定しているわけではない。しかし，景気の影響が大きいことを無視できないだろう。

　図6-2は，年齢ごとの失業率の推移を表したものであるが，若年失業率は全体の失業率と同様に上昇し，下降している。若者の失業率は2002年をピークに下降しているが，2002年を境に若者の社会的適応力が急に上昇したり，実業を重視しない教育が改まったり，若者の自分探し志向が変わったりしたはずはない。

コラム　ニートの定義

　ニートとはNEET（Not in Employment, Education or Training；働いてもいない，学校にも行っていない，仕事に就くための訓練も受けていない）の意で，イギリスで生まれた言葉である。イギリスでは少数の専門家しか知らない言葉であるが，日本では多くの人が知る言葉となっている。

　イギリスでは失業者（働いていないが職を求めている）を含んでいるのに，日本では除外されている。これは，若年失業ではない，新しい現象を議論するための言葉とする必要があったからだ。また，本来のNEETは「社会的排除」の問題と結びつけられていた。すなわち，イギリスでは，貧困や低学歴，人種的マイノリティであることなどさまざまな困難を抱えている人々をいかに救うかという議論の中でNEETという概念が生まれた。

　ところが日本では，失業者，すなわち求職している若者を除外することによって，低学歴，マイノリティであることによって職がないという問題ではなく，豊かな社会の若者の働く気がない，もしくは働けない病理現象というイメージが付与されるようになったという（本田（2006））。

15〜24歳の若者の失業率は多少高くても、深刻な社会問題ではないかもしれない。25〜34歳の失業率を見ると、それは全体の失業率よりも1％前後高いだけである。二十歳の前半に失業していた若者も、後半になって必死に仕事を見つけていたということだろう。そして、それを手助けしたのは、経済情勢一般の改善であって、構造問題や社会問題の解決ではなかったのではないか。

若年失業についていえることは、ニートやフリーターにも当てはまるだろう。ニートになってしまう若者は、どんな経済情勢でも同世代の一定パーセントはいるかもしれない。このような若者を支援することは重要である。しかし、現在ニートとなっている若者の中にも、経済情勢さえよければ、仕事を見つけ、仕事の中に自分を探し、世間の波にもまれて社会的適応力を身につけていったに違いない若者も多いはずだ。何もかもが構造問題だというのは、むしろ社会問題の解決を妨げることになる。

若者が正社員とフリーターやニートや失業者に分化したことには、どう対処すべきだろうか。労働に対する意欲や自覚の弱さなど、若者自身にも責任があるのかもしれない。しかし、若者が正社員とフリーターなどに分化したもっとも大きな理由は、労働法制の変化で派遣などさまざまな就業形態が拡大したことによる面があるにしても、80年代は景気がよくて、90年代には経済が停滞していたことだ。10年で、若者の資質が大きく変わるとは考えられない。まして、景気最悪期の2002年の若者と雇用環境が改善した2006年の若者に資質の差があるはずはない（原田・阿部（2006））。

景気がよければ、より高い比率の若者が正社員になれ、悪ければより低い比率の若者しか正社員になれない。また、若年失業者も増える。これは、若者の資質に関わりのないことだ。

若者の雇用悪化 135

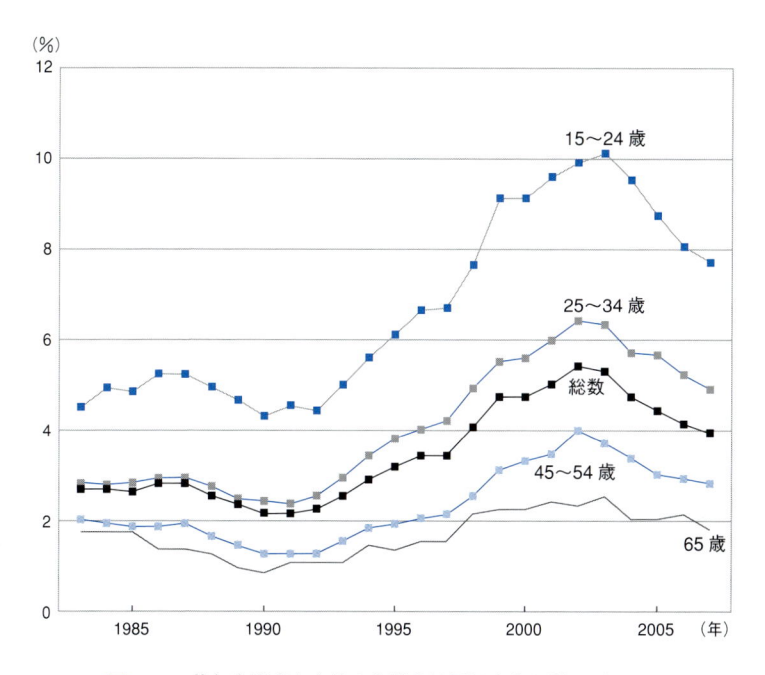

図 6-2 若年失業率と全体の失業率は同じように動いている
（データ出所）　総務省統計局「労働力調査年報」

グローバリゼーションの影響

　第3の格差の要因に，**グローバリゼーション**の影響がある。グローバル化した世界では，先進国の労働者は，世界のもっとも貧しい労働者とも競争しなければならない。先進国の特別の技能を持っていない労働者は，世界のもっとも貧しい国の労働者の賃金と競争しなければならず，その結果，日本の労働者には賃金を低下させる圧力が働く。このことが日本国内の所得分布を不平等にするという。

　図6-3は，主要国の賃金をドル建てで示したものである。自由に世界各地で生産できる企業にとってのコストを考えるときには，貿易で使われている為替レートを用いるのが合理的である。先進国の賃金は途上国の数十倍である。貧しい国が工業化すれば，先進国の賃金を引き下げる圧力が働きそうである。しかし，それほど単純ではない。先進国の平均賃金を引き下げるだけでなく，その所得分配にも影響を及ぼす。

　まず，貧しい国が発展すれば，その低賃金労働が輸出を通じて，先進国の非熟練労働者の賃金を引き下げる。また，貧しい国に豊かな人が生まれれば，彼らは先進国の財を求め，先進国の熟練労働者の賃金を引上げる。先進国の，単なる繊維労働者の賃金は低下するが，ブランド物を作る職人やマイクロソフトの労働者の賃金は上がる。結果として，格差は拡大するというわけだ。

　しかし，世界経済白書の分析によれば，そのような効果があるかもしれないが，それは大きくはないということだ（分析が古いが，その後，しっかりした分析はなされていないようだ）。したがって，貿易を制限するよりも，非熟練労働者の技能水準を高めるような教育や職業訓練が，賃金格差拡大に対処する上で大きな役割を果たすという（経済企画庁（1994），第3章第2節）。

グローバリゼーションの影響

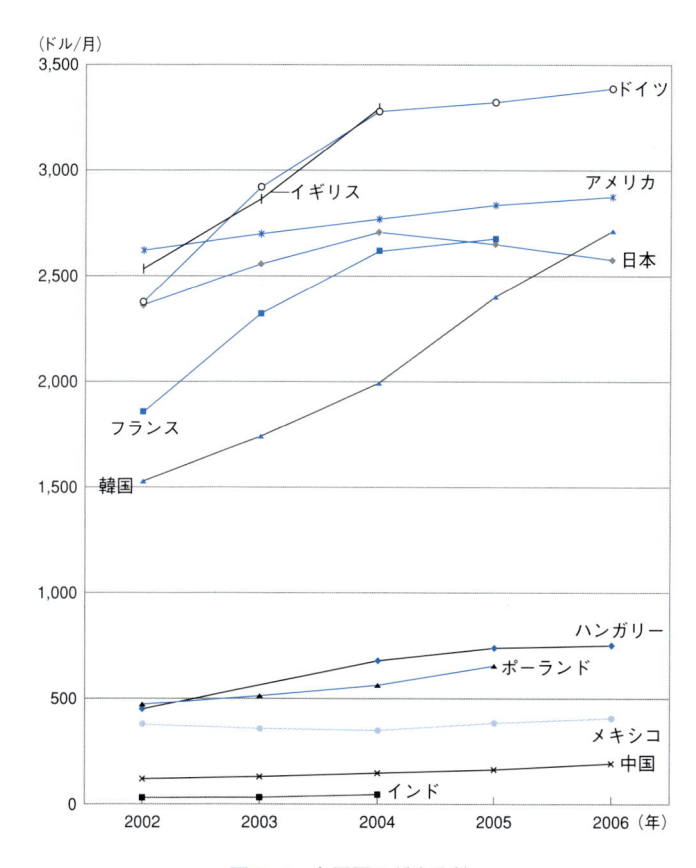

図 6-3　主要国の賃金比較

（データ出所）　総務省統計局「世界の統計」
男女計の製造業平均賃金を為替レートでドル換算したもの。時間賃金は週40時間×月に4.28週あるとして計算。イギリス・インドのデータは2002〜2004年、フランス・ポーランドのデータは2002〜2005年までとなっている。

常識的に考えても，貧しい国がブランド物やコンピュータを買えるほど豊かになれば，それを作る先進国の中堅労働者の賃金が上がり，むしろ中流の人々を増大させるのではないか。また，貧しい国が発展すれば，豊かな国の買うものが安くなる。100円ショップやユニクロの服や安価な家電製品によって先進国の貧しい人々の実質所得は高まる。日本が食糧の輸入も自由化すれば，さらに豊かになるだろう。

● 均等法格差の誕生

第4の格差の要因に，**男女雇用機会均等法格差**ともいうべき格差がある。これまで大企業のサラリーマンの妻は専業主婦が多かった。日本では，夫の所得の高い妻ほど就業率が低い傾向がある。ところが，均等法以来，夫婦とも総合職で働くカップルが増えてきた。所得1000万円の夫の妻が専業主婦で，所得600万円の夫の妻が300万円で働いていれば，家計の所得格差は1000万円と900万円である。ところが，1000万円の夫の妻も総合職で1000万円稼げば家計所得は2000万円となる。これは当然に家計所得を不平等にする。

図6-4は，縦軸に妻の有業率，横軸に夫の所得を書いたものであり，4本の線は夫の年齢を表している。夫の年齢が30歳以上では，いずれの線も右下がりで，夫の所得が上がるほど妻は働かないという伝統的なパターンに従っている。ところが，夫の年齢が29歳以下の線では，夫の所得が高くなると妻も働いているというパターンが現れている。今後時間がたって，夫の年齢が高くなっても，この新しいパターンが持続するだろう。するといずれは，夫の所得が高くても，妻の労働力率は低下しない（あるいは上がる）というパターンが，すべての年齢層で現れることになるだろう。

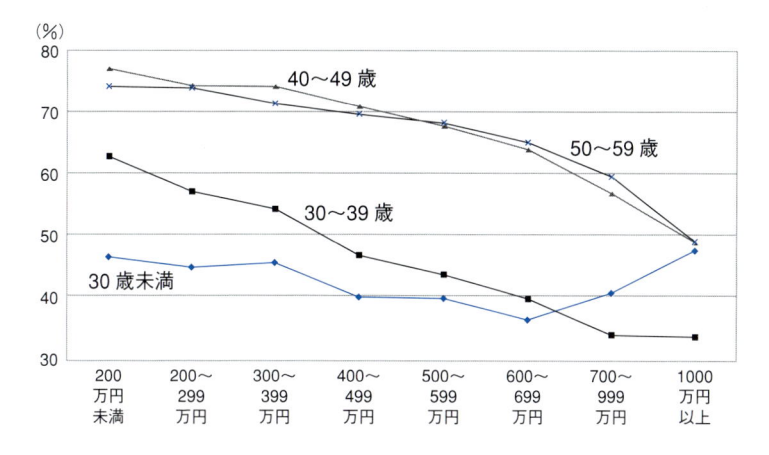

図 6-4　夫の年齢別・所得階層別の妻の有業率

（データ出所）　内閣府「平成18年度　経済財政白書」，総務省「就業構造基本調査」
妻の有業率は，夫が有業者であるうちの妻の有業率を示す。

コラム　ダグラス有沢の法則

　夫の所得が低ければ妻は働き，高ければ妻は働かないというのはダグラス有沢の法則と呼ばれる。1970年代までのアメリカと現在までの日本で見られ，夫の所得が社会的に十分と見なされれば妻は働かず，そうでなければ働くというものだ。しかし，現在のアメリカではダグラス有沢の法則は成立せず，妻の有業率は夫の所得にかかわらずフラットになっている。これと同じことがいずれ日本でも起きるだろう。

このことは多くの問題を提起する。まず第1に，格差対策を行うには格差の原因を解明することが必要だということだ。格差が悪いからといって，夫の所得の高い妻は働くなというわけにはいかない。

女性の社会進出は彼女たちの自己実現であり，人口が減少する日本では社会が必要としていることでもある。図6-5に見るように，多くの女性が，仕事を通じて能力や知識を高めたいと答えている。

また，夫婦で稼ぐのは労働時間を増やして所得を増やしていることである。より多く残業している人と残業していない人の所得を比べて不公平だということは奇妙である（残業しすぎで体を壊すことには，別途対策が必要だ）。

第2に，均等法格差という事実は，高所得カップルの子どもを税金で面倒を見ることに疑問を生じさせる。現行の保育制度では，母親の所得が高くても，実際にかかるコストの8割以上が税金で賄われている（原田・鈴木（2005））。むしろ，所得の高い家計からは実際にかかるコストの保育料を徴収し，その資金で保育所を増設すべきである。所得の高い母親がより多く働けばより多くの税収が得られる。これは社会全体の利益となる。

第3に，保育料を，所得を得るための必要経費として所得から控除することを認めるべきだ。出生率が2を超えているアメリカでは，これは認められている。

第4に，これは大都市の地価上昇を説明する。サラリーマン／ウーマンが年収2000万円になるには50代になって重役の末端にならなければならない。2000万円が続くのは多くの場合10年程度だろう。ところが，30代で2000万カップルになれば，この年収が30年間続くことになる。都心にマンションが買えるわけだ。ただし地方では，高所得カップルになれる仕事が少ない。

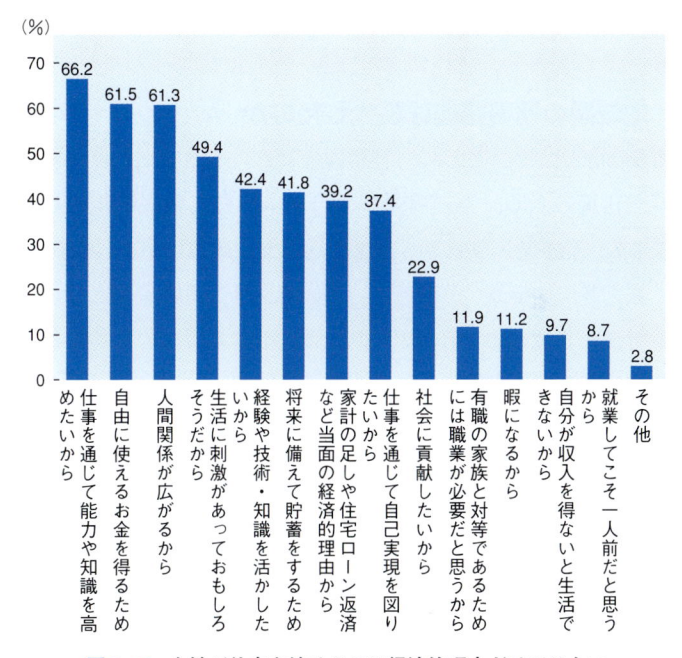

図 6-5　女性が仕事を続けるのは経済的理由だけではない

- 仕事を通じて能力や知識を高めたいから　66.2
- 自由に使えるお金を得るため　61.5
- 人間関係が広がるから　61.3
- 生活に刺激があっておもしろそうだから　49.4
- 経験や技術・知識を活かしたいから　42.4
- 将来に備えて貯蓄をするため　41.8
- 家計の足しや住宅ローン返済など当面の経済的理由から　39.2
- 仕事を通じて自己実現を図りたいから　37.4
- 社会に貢献したいから　22.9
- 有職の家族と対等であるためには職業が必要だと思うから　11.9
- 暇になるから　11.2
- 自分が収入を得ないと生活できないから　9.7
- 就業してこそ一人前だと思うから　8.7
- その他　2.8

（データ出所）　内閣府「平成 17 年版　国民生活白書」
　　（資料）　NTT データ「女性の就業と在宅ワークに関する調査」（2000 年）により作成

1. 「女性と仕事との関わりについてはいろいろな考え方がありますが、あなたの考えは次のうちどれにあてはまりますか。（必ずしも実際の就業時期と一致しなくてもかまいません。）」という問に対して、「できるだけ中断なく続けて就業したい」「育児休業を取得し、子供が大きくなったら復職する」「離婚して育児をし、子供が大きくなったら再就業する」「育児に限らず、家事・家族の世話（育児・介護を含む）で繁忙な時期に休職、その後復職する」「育児に限らず、家事・家族の世話（育児・介護を含む）で繁忙な時期に離職、その後再就業する」のいずれかを回答した者へ「就業したいと考えているのはなぜですか。」と尋ねたことに対する回答の割合（複数回答）。
2. 回答者は、調査実施時に首都圏 30km 圏内に居住し、1986 年以降に四年制大学を卒業した女性 538 人である。

すなわち，第5に，地方の発展には，男女とも働ける仕事が必要だということだ。現在の制度，慣行，認識は，均等法格差という現実に追いついていない。

🌐 地域間の所得格差は拡大したのか

第5の格差の要因として，日本国内における地域間の所得格差の影響が指摘される。都道府県ごとの一人当たり県民所得の格差を，図6-6の上位5県／下位5県の比で見ると，確かに格差は2002年以降，拡大しているようである。上位5県／下位5県の比とは一人当たり所得が上位5県の所得の平均を下位5県の所得の平均で割った値である。この値が大きくなれば格差が拡大しているのは自明である。

上位5県／下位5県の比は1990年から94年にかけて小さくなり（平等になり），その後ゆるやかに小さくなっていたが，2002年以降大きくなっている（不平等になっている）。確かに，2002年以降不平等になっているが，90年に比べてはまだ平等である。

この変化がなぜ生じたかについては，小泉政権の構造改革路線のうち，とくに，政府投資を削減したことによって，地方が疲弊し，その結果，格差が拡大したという説がある。効率の低い公共投資によって，無理やり格差を縮小すべきかどうかには疑問があるが，まず，この説が正しいかどうかを考えてみよう。

図6-6では，確かに1990年以降94年まで，政府投資の対GDP比が上昇するとともに地域格差が平等化している。

しかし95年以降2001年まで，これがゆるやかに低下しているにもかかわらず格差の平等化は進み，2002年以降，これがさらに低下するとともに不平等になった。

地域間の所得格差は拡大したのか 143

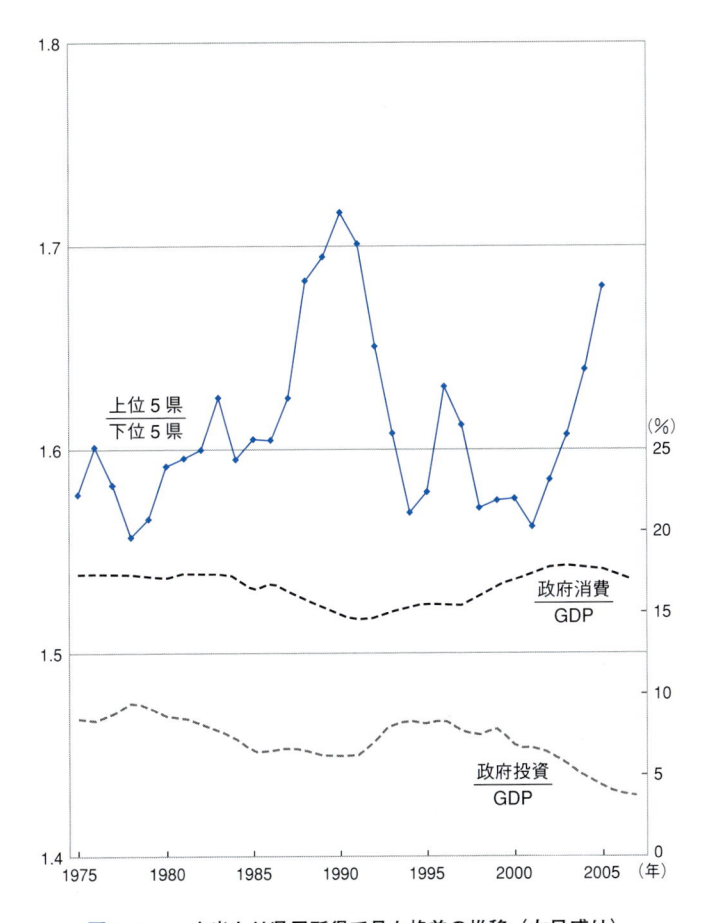

図6-6 一人当たり県民所得で見た格差の推移（左目盛り）

（データ出所）　内閣府「県民経済計算年報」,「国民経済計算年報」
1990年と96年でデータに断絶がある。

政府支出は投資だけではない。政府消費の対GDP比を見ると，2002年まで一貫して上昇している中で，地域格差は急速に縮小し，また横ばいになっている。ただし，政府消費が2002年以降，横ばいになる中で，地域格差は拡大した。景気との関係を見ると，景気後退期に格差が縮小している場合が多いが，景気拡張期には拡大している場合も縮小している場合もある。

　以上をまとめてみると，地域格差は2002年度以降拡大しているが，そのレベルは1990年よりも低い。格差拡大の要因が，政府支出の削減と関係しているのかもしれないが，その関係はそれほど明らかでない。さらに，景気と格差の関係は明らかではない。地域格差を縮小することを目標とするとしても，まず，その原因の究明が必要だろう。

　また，そもそも地域間の格差を問題にするべきだろうか。個人間の格差を縮小するには，もっとも所得の少ない人に焦点を当てればよいが，地域間の格差を縮小するには，所得の低い地域の所得の高い人の所得も引き上げなければならない。それは政策として非効率である。

　さらに，公共投資で地域格差を縮小することの非効率性についても述べておきたい。ある人の所得が低すぎて，日本国憲法の保障する生存権を満たせないとき，どうすればよいだろうか。仕事を与えるのは良いことに違いないが，その仕事が，自動車の走らない道路，船の来ない港湾，飛行機の飛ばない空港を作ることだったら，格差の縮小はとてつもないコストがかかる。それよりも，生存権を満たすためのお金を直接配ってしまったほうが安上がりなのではないだろうか。これは，地域間の格差ではなく，家計ないし個人間の格差を縮小する方策だ。

コラム　負の所得税

　負の所得税とは，たとえば一人当たりの最低保障金額を年80万円として，所得があればそれにたとえば20％で課税するという制度である。この仕組みを図示したのが図6-7である。横軸にその人の得た所得，縦軸に課税後の所得を描く。たとえば200万円の所得を得ている人は，80万＋200万×0.8＝240万円の所得を得る。200万円の所得に対して40万円の補助金が支払われるわけであるので，これを負の所得税という。

　この制度のよいところは，生活保護制度のように，所得があればその分だけ保護費を削られてしまい働くインセンティブがなくなってしまうことがないことである。この制度は児童手当と組み合わせて少子化対策に使うこともできる。ただし，最低保障金額，初期の税率，その後の累進度などさまざまな検討が必要である。この負の所得税と類似の制度は，アメリカ，イギリスなどでも導入されている（森信（2007）第5章1（3）参照）。

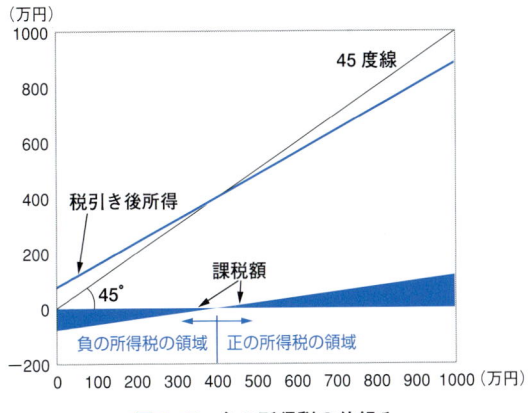

図6-7　負の所得税の仕組み

そうすると，多くの人が働かず，生存権の保障を求めることになって，なお高いコストが必要という反論があるかもしれない。私は，それでも公共投資で，鉄，コンクリート，機械，社長の給料を無駄に使うことよりも安いのではないかと思うが，もっと気の利いた方法はある。それは，最低限の所得保障を与えた上で，あるレベルに達するまで低い税率で課税することだ（この制度を**負の所得税**という。コラム参照）。これなら，働く意欲を阻害することは小さい。

また，直接配るほかにも，技術の習得を援助するという方策もある。第2章で述べたように，貧しい国ほど一人当たり実質GDPの成長率が高いという傾向が認められる。これは所得の低い国は，所得の高い国の技術を学ぶことによって，より速く成長できるからである。学術や技術を学ぶための奨学金は，格差の是正に有効であろう。

第 7 章

グローバリゼーションはどれだけ重要か

🌐 グローバリゼーションと日本

　日本は世界におけるグローバリゼーションの主要な担い手である。日本の製品は世界中に輸出され，日本の企業は世界中に展開し，日本のビジネスマンは世界中を飛びまわっている。グローバリゼーションと共同体との対立を描いたトマス・フリードマン（T. L. Friedman）の『レクサスとオリーブの木』では，オリーブの木が共同体の象徴であるのに対してトヨタの高級車レクサスはグローバリゼーションの象徴である（フリードマン，2000）。

　そして図7-1に見るように，世界の貿易や投資は急拡大している。にもかかわらず，多くの日本人はグローバリゼーションを不安に感じているようである。図7-2に見るように，日本はグローバル化の影響に対する期待が低い。と同時に，アジア主義，アジアの中の日本という概念への執着も抱いているようでもある。

　世界経済の発展は，基本的には自国の利益でもある。他国の発展は，自国の商品のお客が増えることであるからだ。ただし，輸出が自国の経済に決定的に重要なわけではない。輸出とは，日本の商品を外国に持っていってしまうことだ。重要なのは，輸出の代わりに国内に入れた輸入品の価値だ。

　貿易の利益は，世界全体からくる。東アジア共同体よりも，世界共同体こそが重要である。結合を緊密にすることが友好であるのか，離れていることが友好であるのかは微妙な問題である。2006年，日本が国連安全保障理事会常任理事国入りの支持を求めて賛同を得られたのは，日本とは遠く離れ，死活的利害関係を持っていない国だった。東アジアの国で，日本を支持した国はどこにもなかった。緊密さが友情を育み，アジアが共同体であるというのは，何の根拠もない思い込みにすぎない。

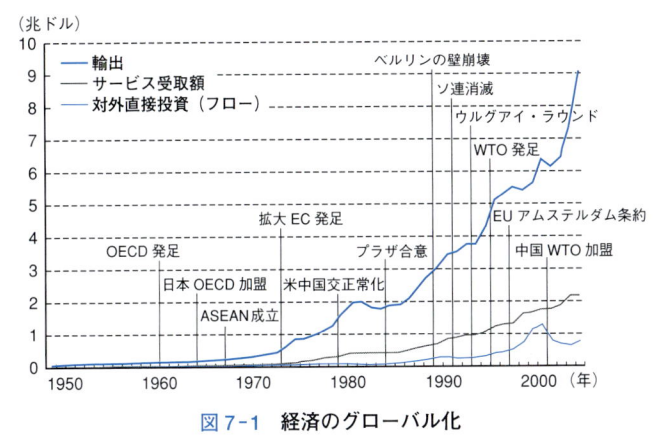

グローバリゼーションと日本　　　　　　　　　149

図 7-1　経済のグローバル化

（データ出所）　経済産業省「2006 年　通商白書」を一部改変
　　（資料）　　IMF, *IFS*, *Balance of Payment* より作成

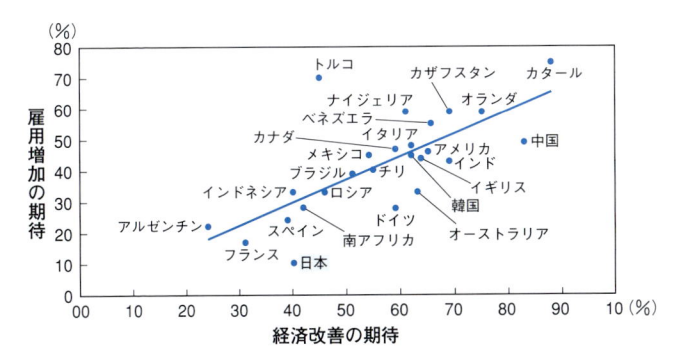

図 7-2　グローバル化の影響に関する意識の国際比較

（データ出所）　内閣府「平成 16 年度　経済財政白書」
　　（資料）　　世界経済フォーラム「グローバル化に関する世界世論調査」より作成

1. 同調査は、25 カ国（1 国あたり 1,000 人、2001 年秋実施）を対象としている。うち、OECD 加盟国は 13 カ国。
2. 縦軸、横軸とも回答者の割合。
3. グローバル化とは、国家間でのモノ・サービスや投資の取引が増加することと定義されている。
$y = 0.350(0.040) + 0.739x(4.939)$　$R^2 = 0.515$、（　）内の数値は t 値。

貿易と富

　貿易は富を生む。確かに，多くの企業が輸出によって莫大な利益を上げる。しかし，国民としてみれば，大事なのは輸出ではなくて，輸入である。輸出されたものは国内にはなく，国内にあるのは輸入されたものである。もちろん，輸入するためには輸出が必要となるが，国民にとって一番大事なのは，何を輸入するか，輸入したものをどう使うかである。昭和初期に繊維機械を輸出した企業は沢山あったが，一番成功したのは繊維機械の輸出で得た資金で，自動車を作るための機械を輸入した豊田自動織機である。

　輸入が重要であるとして，そのためには輸出しなければならない。輸出しなければ，輸入のための代金が支払えないからだ。しかし，人件費の安い国が猛烈に生産を始めれば，日本といえども輸出するものがなくなってしまうのではないかという心配があるかもしれない。しかし，そんなことはない。

　何が輸出されるかは，日本と他国とのコスト格差そのものではなくて，日本国内におけるコスト格差と，他国におけるコスト格差の比較によって決定されるからである。図7-3に見るように，日本の自動車1台の生産コストが2，リンゴ1トンの生産コストが5であるとしよう。他国の自動車1台の生産コストが1，リンゴ1トンの生産コストが2であるとしよう。

　これでは，日本はどちらを作るのにもコストが高いので，輸出するものがなくなってしまうと思われるだろうが，心配には及ばない。日本の自動車生産コストはリンゴで計るとリンゴ$\frac{2}{5}$トンである。これはリンゴ$\frac{2}{5}$トンで自動車1台と交換できるということである。

　他国の自動車の生産コストはリンゴで計るとリンゴ$\frac{1}{2}$トンであ

貿易と富　　　151

日本　　　　　　　外国

　　　　生産コストは日本
　　　　のほうが高い

〈生産コスト2〉　　〈生産コスト1〉

リンゴ1トン　＞　リンゴ1トン

〈生産コスト5〉　　〈生産コスト2〉

[日本の自動車の生産コストは車1台＝リンゴ $\frac{2}{5}$ トン（0.4）]　＜　[外国の自動車の生産コストは車1台＝リンゴ $\frac{1}{2}$ トン（0.5）]

外国はリンゴ $\frac{1}{2}$ トンで車 $\frac{5}{4}$ 台

交換

日本は車1台でリンゴ $\frac{1}{2}$ トン

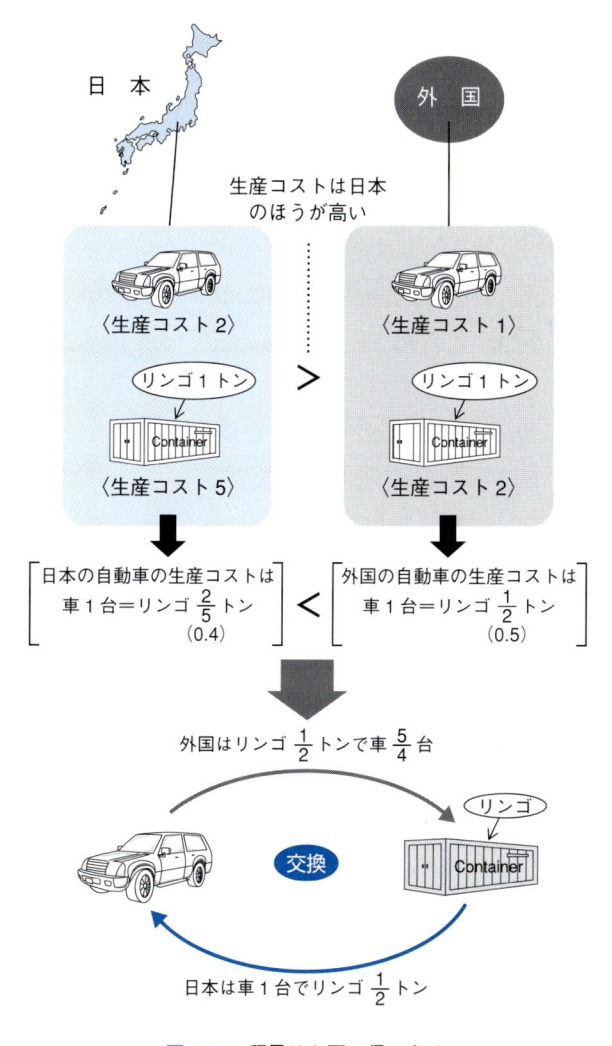

図7-3　貿易はお互い得になる

る。他国がリンゴ$\frac{1}{2}$トンを日本に持ってくると，$\frac{1}{2} \div \frac{2}{5}$で$\frac{5}{4}$台の自動車が手に入る。他国はリンゴを作ったほうが得で，日本も自動車を作ったほうが得ということになる。

これは奇妙な例示だろうか。しかし，コストを労働投入量と考えると，1970年代では日本は，自動車においてもコメにおいても労働生産性はアメリカよりも低かった（第3章図3-4参照）。それでも，日本はアメリカに自動車を輸出できた。コメを作ることの生産性が相対的にはさらに低かったからである。

この原理は比較優位の原理と呼ばれ，19世紀の偉大な経済学者リカード（D. Ricardo；1772-1823）が明らかにしたことである。今日では，経済学の理論の基本である。

● 国際競争力はどれだけ重要なのか

日本の企業は世界に進出し，世界中にメイド・イン・ジャパン，あるいはメイド・イン・アジアの製品を売っている。日本こそはグローバリゼーションの担い手である。しかし，グローバリゼーションによって生活が脅かされているという感覚が日本に根強いようだ。同時に，国際競争力という言葉は，図7-4に見るように注目され，日本では魔法の力を持っている。グローバリズムが進む世界で，国際競争力がなければ，日本はやっていけない。中国や韓国の発展は，日本を脅かし，日本の生活水準を大きく低下させると信じられているようだ。そう信じられているとともに，日本の生活水準を低下させないためには，アジアの活力を日本に引き込むことが重要だとも論じられている。しかし，国際競争力に，日本人の生活水準を大きく引き上げたり，引き下げたりする力がどれほどあるのだろうか。

国際競争力はどれだけ重要なのか 153

日本、競争力わずかに上昇

昨年24位、今年22位に

スイスの有力ビジネス校調査
マクロ分野、低迷続く

スイスの有力ビジネススクール、IMD（経営開発国際研究所、本部ローザンヌ）が十五日発表した「二〇〇八年世界競争力年鑑」で、日本の順位が昨年の二十四位から二十二位に上昇した。日本が首位を占めた一九八九年の開始以来二十年目に当たる今回の調査は、競争力回復に向けた日本の課題を示している。

IMDは五十五カ国・地域の「マクロ経済」「政府の効率性」「ビジネスの効率性」「インフラ」の四分野、三百三十一項目の統計や聞き取り調査の結果を集計し、競争力を示すランキングを作成している。

総合順位の上昇につながったのは、四分野のうちビジネスの効率性とインフラ。昨年の二十七位から二十四位に上昇したビジネスの効率性に関する調査項目では「消費者の満足度」が一位。「従業員の訓練」は三位。

インフラへの評価が高かった。

その一方で、マクロ経済は二十二位から二十九位に後退した。外国人旅行者の消費を示す「旅行収入のGDP比」「特許の生産」「経済規模の五十五位。経済規模に比べてヒト、モノ、カネの海外との行き来が低迷している実態を示した。

「企業の研究開発支出のGDP比」でも三位と"知的インフラ"への評価が高かった。

から四位に回復。「中等教育の就学率」「平均寿命」が一位だったほか、インフラの順位も六位から四位に回復。

2008年世界競争力ランキング

順位	国
1（1）米 国
2（2）シンガポール
3（3）香 港
4（6）スイス
5（4）ルクセンブルク
6（5）デンマーク
7（12）オーストラリア
8（10）カナダ
9（9）スウェーデン
10（8）オランダ
11（13）ノルウェー
12（14）アイルランド
13（18）台 湾
14（11）オーストリア
15（17）フィンランド
16（16）ドイツ
17（15）中 国
18（19）ニュージーランド
19（23）マレーシア
20（21）イスラエル
21（20）英 国
22（24）日 本

（注）カッコ内は昨年順位

（ジュネーブ＝市村孝二巳）

図7-4 国際競争力を報じる新聞記事
日本経済新聞　2008年5月15日

そもそも，国際競争力という言葉の定義もはっきりしない。p.157 のコラムを参照）。

日本人の生活水準は何に依存しているだろうか。もちろん，自分の購買できる財・サービスの量に依存している。

たとえば，もう少し家が広かったら，スーツやワンピースをより上等なものにしたら，上等な食材を買ったら，話題のレストランに行ったら，もっと気楽に観劇や演奏会に行けたら，薄くて大きい画面のテレビを買ったら，新しくて大きな車を買ったら，子どもを私立中学校に行かせたら，私たちの生活は豊かになったといえるかもしれない。しかし，このうちで，国際競争力に関係があるのはテレビと車だけである。衣服については日本で作ることはもう諦めている。しかも，中国や韓国との競争が大変で，国際競争力が危ないかもしれないものは薄型テレビだけである。

● 生活水準を決めるのは輸出産業ではなく国内産業

日本のGDPに占める輸出の比は18％にすぎない。日本の消費に占める財の比は43％にすぎず，残りはサービスである（いずれも2007年の値）。日本の生活水準は，輸出産業の生産性にではなく，国内産業の生産性により多く依存する。

私とアジア経済研究所の熊谷聡氏は，国際競争力の変化と生活水準の変化との間に関係があるかどうかを，G7諸国（日本，アメリカ，ドイツ，フランス，イギリス，イタリア，カナダ）と東アジア7カ国（中国，シンガポール，台湾，韓国，タイ，マレーシア，フィリピン）について調べている。その結果わかったことは，先進国では世界シェアの変化で見た国際競争力の変化が生活レベルを変化させる効果はほとんどないが，シンガポール，韓国，タイ，マレー

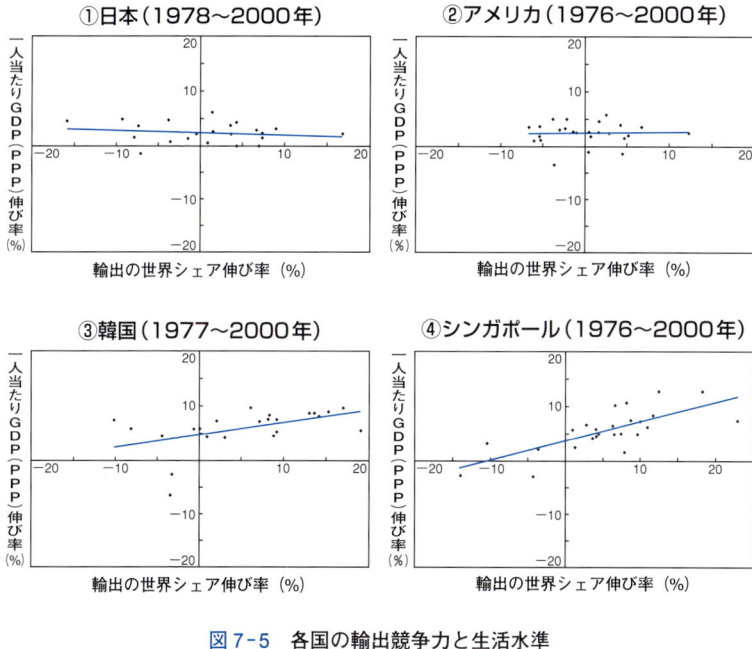

生活水準を決めるのは輸出産業ではなく国内産業　　155

①日本（1978～2000年）

②アメリカ（1976～2000年）

③韓国（1977～2000年）

④シンガポール（1976～2000年）

図7-5　各国の輸出競争力と生活水準
①日本　　　$y = -0.04x + 0.02$　$R^2 = 0.03$
②アメリカ　$y = 0.01x + 0.02$　$R^2 = 0.00$
③韓国　　　$y = 0.22x + 0.05$　$R^2 = 0.24$
④シンガポール　$y = 0.36x + 0.03$　$R^2 = 0.53$

シアのような，貿易依存度の高い成長途上の国では効果があるということだった。図7-5は，日本，アメリカ，韓国，シンガポールについて，縦軸に一人当たり購買力平価GDP（生活水準），横軸に国際競争力（世界輸出に占めるシェアの伸び率）を示したものである。日本やアメリカでは生活水準と国際競争力に何の関係もないが，韓国やシンガポールでは国際競争力が高くなると生活水準も上昇する関係が見られる。しかし，その効果はたいして大きくはない。もっとも効果の大きい韓国でも，国際競争力の向上は，生活水準の向上の18％しか説明していない（原田・熊谷，2005）。

1998年のアジア通貨危機後，サムスンやLG電子の発展はめざましく，日本の家電ハイテク産業を脅かしている。しかし，韓国の一人当たり購買力平価GDPは1990～97年にかけて年率7.2％で上昇したが，1999～2006年では年率5.1％しか上昇していない。

日本では，いわゆる「国際競争力」を過度に気にする傾向がある。これは，国際競争力の強化こそが所得の向上につながるという考え方に起因している。しかし，所得水準が高い国々のグループについては，国際競争力と所得の間に関係は認められなかった。「国際競争力命」という考え方は，十分に高い一人当たり所得を持つ日本にはそぐわない。一国の生活水準は，輸出部門ではなく，国内部門の生産性によって左右される。日本のような豊かな国では，「国際競争力」に一喜一憂するのではなく，国内経済が十分に効率的かどうかに目を向けることのほうがより重要だ。

● 隣国の発展は日本を貧しくするのか

国際競争力に対する固執は，他国の発展を気にする態度をもたらす。隣国が発展することは自国の豊かさに影響を与えるだろうか。

コラム　国際競争力とは？

　「国際競争力」を客観的に定義することは容易ではない。IMD（International Institute for Management Development；国際経営開発研究所。スイスの調査研究機関）による国際競争力ランキングでは，統計情報や経営者などへのアンケート調査による各国に対する評価が「国際競争力」を算出する際の重要な要素となっている。

　一方，図7-5では，「国際競争力」の客観的な指標として，ある国の輸出が世界の輸出合計に占めるシェアの伸び率を用いている（シェアは，ドル建てでの名目額にもとづく）。すなわち，世界平均の輸出の伸び率よりも高い率で輸出を伸ばしている国は，国際競争力が高まっている国であると考えるのである。

　「シェアの伸び率」というのは直感的には奇妙な指標と思われるかもしれない。しかし，輸出の世界シェアが1％の国と10％の国では，1ポイントの輸出シェアの伸びが持つ意味は当然異なる。そこで図7-5では，シェアの伸び率を国際競争力の変化の指標としては用いることにした。

　生活水準の指標としては，購買力平価で測った一人当たりGDPを用いている。この両者の関係を見ることで，国際競争力と生活水準が相関しているかどうかがわかる。

　なお，図7-5の分析については，輸出のシェアが伸びているときには輸入も拡大しているのが通常で，これは開放するほど成長率が高くなることを示しているという批判があるかもしれない。これに対しては，世界に対する輸出のシェアは国内の輸入のシェアとはそれほど相関していないと反論できるだろう。

通常であれば、隣人が豊かになろうがなるまいが、自分には関係がない。住宅街に住んでいたら、隣の人のビジネスと自分のビジネスとは、通常は何の関係もないからだ。

　商店街の隣同士だったらどうだろうか。違うモノを売っている店なら、人が来れば何らかのおこぼれがあるだろう。ついでに何かを買うかもしれないからだ。同じモノを売っている店なら、自分の店は客を取られる可能性が強い。しかし、その場合ですら、おこぼれがあるかもしれない。同じような店がたくさんあることによって、お客が集まるという効果がある。

　国と国の場合に何がいえるかを、もう少し考えてみよう。一般に、他の国が発展することは、競争相手が増えることであるが、自国の商品を買ってくれる国が増えるということでもあり、また自国の買いたいものを売ってくれる国が増えるということでもある。すなわち、日本を商店と考えれば、他国が発展することはライバルのお店が増えることであるが、お客と納入業者が増えることでもある。したがって、中国がどれだけ脅威かという問いには、中国がどれだけお客と納入業者であって、どれだけライバルであるかを調べれば答えることができる。

　中国がどれだけ日本のライバルかは、中国の輸出しているものと、日本の輸出しているものが、どれだけ似ているかを調べればよい。似ていれば日本のライバル、似ていなければライバルでないということになる。図7-6は、日本と中国の輸出しているものがまったく同じであれば1、まったく違っていればマイナス1となる指標を用いて、日本及び他国と中国の競合度を示したものである。これを見ると、日本やアメリカなど先進国は中国のライバルではなく、中国のライバルはASEANということになる（詳しくは、原田・熊谷

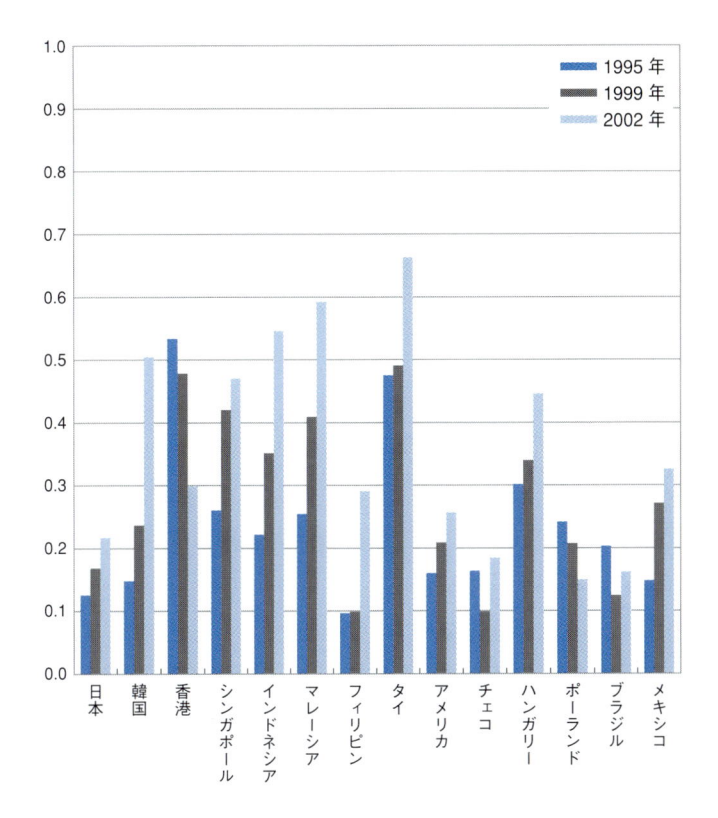

図 7-6 工業製品の中国との輸出競合度（SITC5-9：5桁レベル）

（データ出所）　The International Trade Centre UNTAD/WTO（ITC）and The United Nations Statistics Division（UNSD），PC-TAS データより作成
1. フィリピン，タイのデータは 2001 年が最新。
2. SITC とは，国連の『標準国際商品分類』（Standard International Trade Classification）のことで，5 桁までの細分類となっている。ここではそのうちの第 5 部（化学工業生産品），第 6 部（原料別製品），第 7 部（機械類および輸送用機器類），第 8 部（雑製品），第 9 部（特殊取扱品）を対象とした。

(2004) を参照)。

　考えてみれば当たり前のことである。所得の似通った国は同じような製品を作っているし，所得の異なった国は異なった製品を作っているというわけだ。しかも違いは最終製品の違いだけではない。図7-7に見るように，日本は部品を作り，それをアジアが組み立て，最終消費財にするという分業が成立している。しかし，読者の関心は，将来はどうなるかということだろう。中国がこの勢いで発展すれば，日本はどうなるのかという懸念が，中国脅威論である。もちろん将来のことはわからない。

　しかし，成長は飛躍するものなのか，それとも同じスピードで進むものなのか，あるいは減速するものなのか，どれだろうか。一番普通の予測をすれば，過去と同じようにライバル度が高まってくると予測する。そうであればたいしたことはない。日本は中国の発展とともに成長してきた。90年代以降の日本経済の停滞が中国の発展に拠るという人はいない。

● 中国はどれだけお客であり，納入業者であるか

　中国がどれほどライバルかを見ただけでは一方的である。隣人が豊かになれば，日本のモノを買ってくれるお得意様になってくれる。また，日本に安くモノを売ってくれる納入業者になってくれるわけでもある。

　中国は，どれほどお得意様で，どれほどよい納入業者なのだろうか。それを見たのが図7-8である。香港を通して中国と貿易している場合が多いので，香港との貿易を中国との貿易に合算すると，日本の対中輸出は2007年で12.8兆円（香港を含めれば17.4兆円），輸入は15.0兆円（香港を含めれば15.2兆円）となる。日本の対中貿易

中国はどれだけお客であり，納入業者であるか 161

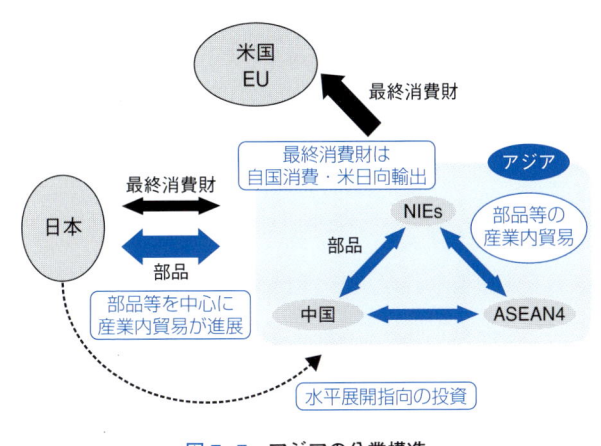

図 7-7 アジアの分業構造
（出所） 経済産業省「通商白書 2006」

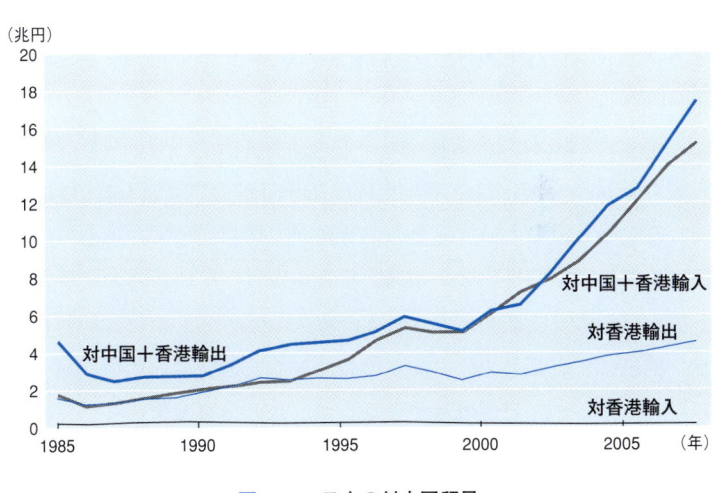

図 7-8 日本の対中国貿易
（データ出所） 財務省「貿易統計」

収支は赤字だが,香港を含めれば黒字となる。

しかし,だからといって,日本が黒字であることが日本の得で,赤字であることが損というわけではない。デパートは,納入業者から買いはするが売ってはいない。デパートにとって,納入業者から安くたくさん買えることが利益なのと同様に,日本にとっても,対中貿易黒字,赤字は日本の利益とは関係がない。デパートにとって重要なのは,安く仕入れて高く売ることである。

国にとっても重要なのは,安く輸入して高く輸出できることである。これは**交易条件**と呼ばれる。交易条件とは,輸出価格と輸入価格の比をとったものである。

輸出価格よりも輸入価格が下落すれば,より少ない輸出品でより多くの輸入品を得られるわけだから,交易条件が上昇すれば日本の得,下落すれば日本の損であることは明白だろう。原油価格が上がるようなときは,交易条件が低下する。これが日本の損なのは明らかだ。

日本と中国との交易条件（日本の対中輸出価格÷対中輸入価格）を**図7-9**で見ると,日本の対中国交易条件は90年代以降,ほぼ一貫して上昇している。すなわち,日本が中国に売っているものの価格はあまり下がらないで,中国から日本が買っているものの価格は下がっている。直観的にも,日本が輸入しているものはユニクロの服,輸出しているものは自動車用の薄板や家電製品の中核部品である。したがって,対中貿易で得をしているのは日本ということになる。ただし,2004年以降の石油価格の高騰により,日本の対全世界の交易条件は大きく低下している。

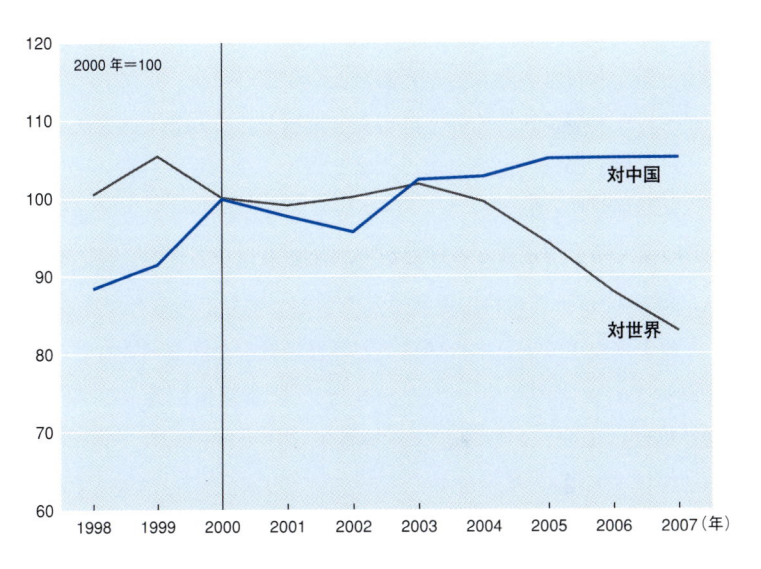

図 7-9　日本の交易条件
（データ出所）財務省「貿易指数の推移」

隣国の発展の成果を取り入れることはどれだけ重要か

　日本経済の発展のためにはアジアの活力が必要で，そのためにはアジアとの経済統合が必要だとしばしば聞かれるが，なぜ「経済統合」なのだろうか（経済統合については次項参照）。

　アジアに限らず，多くの国が経済統合をしている。皆がしているからだというのは一つの答えである。確かに，皆がしていることを自分だけがしないというのはなんとなく気分が悪い。そう思わない人は，かなり日本人離れした人間だ。

　ヨーロッパ経済統合の動きは着々と進展し，これまでの財・サービス，労働力の域内での自由な移動というモノとヒトの統合に加えて，2002年1月1日には，ついに通貨までもが統合された。北米では，アメリカ，カナダ，メキシコが自由貿易協定をすでに結んでいる。図7-10は世界の自由貿易協定を示したのもである。

　このような中で，日本もアジアとの経済統合を図るべきだという声が強まり，実際にシンガポールとの**経済連携協定（EPA）**が2002年に，メキシコとの協定が2005年に，マレーシア，フィリピンとの協定が2006年に発効している。さらに韓国，ASEAN諸国，チリ，インド，オーストラリアなどとの間での協定に向けた動きがある（自由貿易協定と経済連携協定については図7-11参照）。

　しかし，タイに対しては日本が農産品の多さを懸念し，韓国は日本に対して中小企業の競争力を懸念するなど，協定への動きが急速に進んでいるというわけではない。フィリピンとは協定は結んだが，看護師や弁護士の自由な移動を強く求めたフィリピンに対して，日本は看護師についてのわずかな枠を決めただけだった。

　経済統合や地域主義という言葉は規範的な響きを持っている。価値観，アイデンティティ，精神を共有しようという含意を持ってい

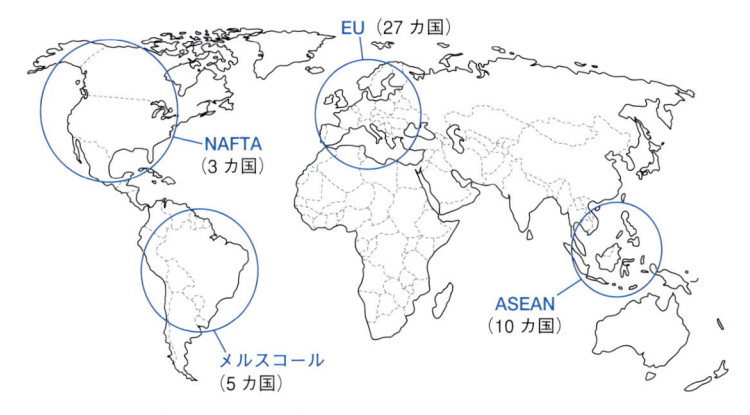

隣国の発展の成果を取り入れることはどれだけ重要か　165

(地図：EU（27カ国）、NAFTA（3カ国）、ASEAN（10カ国）、メルコスール（5カ国）)

＊EU（欧州連合；European Union）
・人口4億9033万人　域内GDP14兆2673億米ドル
・2008年4月現在の加盟国：オーストリア・ベルギー・キプロス・チェコ・デンマーク・エストニア・ドイツ・ギリシャ・フィンランド・フランス・ブルガリア・ハンガリー・アイルランド・イタリア・ラトビア・リトアニア・ルーマニア・ルクセンブルク・マルタ・ポーランド・ポルトガル・スロバキア・スロベニア・スペイン・スウェーデン・オランダ・英国

＊NAFTA（北米自由貿易協定；North American Free Trade Agreement）
・人口4億3577万人　域内GDP15兆2924億米ドル
・2008年4月現在の加盟国：米国・カナダ・メキシコ

＊ASEAN（東南アジア諸国連合；Association of South East Asian Nations）
・人口5億5808万人　域内GDP1兆596億米ドル
・2008年4月現在の加盟国：ブルネイ・カンボジア・インドネシア・ラオス・マレーシア・ミャンマー・フィリピン・シンガポール・タイ・ベトナム

＊メルコスール（南米南部共同市場；Mercado Común del Sur）
・人口2億3714万人　域内GDP1兆3105億ドル（ベネズエラは含まず）
・2008年4月現在の加盟国：正式加盟国：アルゼンチン・ブラジル・パラグアイ・ウルグアイ・ベネズエラ　準加盟国：チリ・ボリビア・ペルー・エクアドル・コロンビア

図7-10　**主要地域貿易の概要**
（出所）外務省「目で見るASEAN」などを参照して作成
人口・GDPは2006年のデータ。

る。しかし，少なくともアジアで，その共有しようというものは曖昧である。

そもそも統合は，平和と繁栄をもたらすものだろうか。経済統合は，平和と安定のために必要なものなのだろうか。

この問いに答えるために，統合とは何か，という問いから始めて，統合のもたらす経済的意味を議論し，日本，またはアジアにとって経済統合が平和と繁栄のために必須のものであるか否かを考えてみたい（日本のFTA，EPAに向けた取り組みは図7-11参照。日本のEPAの進捗状況はp.169の表7-1参照）。

統合の利益

経済統合は，通常，**自由貿易協定（FTA）**という財の自由な移動を相互に保障する協定から始まる。当初は，自由な移動を保障すべき財に多くの例外があるのだが，やがて例外がほとんどなくなり，サービスに広がり，資金の自由な移動へと広がる。すなわち，投資協定や，さらには通貨の協定になる。通貨の交換率を固定し，さらに共通通貨を発行するというのがヨーロッパ統合の動きである。ヨーロッパでは，通貨統合に先立ち，人の移動が自由化されている。特別な技術の持ち主，移動する資金の管理者（すなわち直接投資した外国企業の経営者）がまず自由な移動を保障され，やがて多くの労働者，人そのものの自由な移動が可能になる。ヨーロッパ統合では，すでにこの段階に進んでいる（ただし，旧東欧諸国からの労働移動は自由ではない）。

このような動きをアジアの立場から見てどう考えるべきだろうか。ヨーロッパ統合の背景には，広い意味での外敵への対抗がある。2度にわたる世界大戦の結果，ヨーロッパが衰退し，アメリカとソ連

WTO
World Trade Organization
最恵国待遇の原則

他のすべての加盟国に対し、関税を等しく削減し、適用する（2007年10月現在，151カ国が加盟）。

関税の撤廃だけでなく投資や協力などを含む幅広い経済関係強化を目指す。

FTA
Free Trade Agreement
自由貿易協定

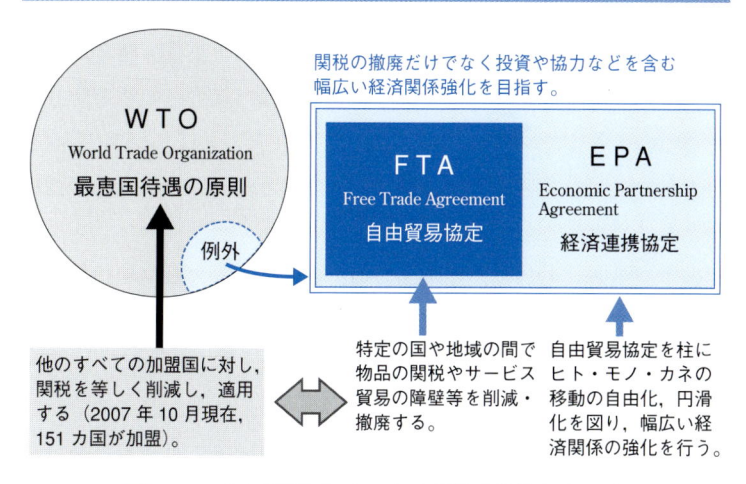

特定の国や地域の間で物品の関税やサービス貿易の障壁等を削減・撤廃する。

例外

EPA
Economic Partnership Agreement
経済連携協定

自由貿易協定を柱にヒト・モノ・カネの移動の自由化を図り，幅広い経済関係の強化を行う。

図7-11　自由貿易協定（FTA）と経済連携協定（EPA）
（出所）経済産業省HP「我が国のEPA/FTAに向けた取組について」を参照して作成

経済連携の目指す内容

1. 物・サービス・人の自由な移動の確保

①域内関税の撤廃
関税の相互撤廃，東アジア市場の統合等を実現

②円滑な「モノ」の移動
物流インフラの整備（ODA等の活用），通関簡素化・電子化（ICタグ）推進など

③サービス貿易の自由化
サービスに係る規制の撤廃，透明性，安定性の確保，市場アクセスの改善など

④人的交流の拡大
看護師・介護士等の受入れ，ビザ・入管手続の簡素化・要件緩和，研修制度等受入インフラの整備など

2. 域内における経済活動の円滑化

③投資ルールの整備・共通化
外資規制撤廃・緩和，手続の簡素化・透明化，接収リスクの解消，紛争解決手続の整備など

②制度の調和及び透明化
知的財産制度，基準・規格，IT関連制度，競争法，司法制度等の協調・透明化，遂行能力向上など

3. 安定性・持続的発展

経済・社会的基盤の構築
技術の向上，貿易投資促進，環境保全等に向けた協力，エネルギーセキュリティの向上

図7-12　経済連携の目指す内容
（出所）経済産業省HP「我が国のEPA/FTAに向けた取組について」

の力が強まり，ヨーロッパの存在感が低下したのは事実である。ヨーロッパの国家同士が戦ったことが悲惨な事態を招き，勝者を含めてヨーロッパの力を弱まらせたという意識が，統合への意志をもたらしたのだろう。

　ヨーロッパの共通性の認識が，アメリカとソ連への異質性の認識とともに高まることになる。

　戦争を忌避することが繁栄への途であるというのは当然に正しい。戦争は富を破壊し，戦争以外には役に立たないものに莫大な資源を割り当てることであるからだ。統合が，戦争を忌避できるものなら，それは繁栄をもたらすだろう。

　しかし，統合自体が繁栄をもたらすものだろうか。規模の経済は重要であるが，それが絶対的なものではないことは，アジアの国々を見れば明らかである。アジアでもっとも豊かな国は日本であるが，アジアの人口規模でいえば中位の国である。日本以外の国を見れば，シンガポール，香港，台湾，韓国と，むしろ，小さな国のほうが豊かである。また第3章で見たように，ヨーロッパでも小さな国の所得が高まっている。

● アジアは経済共同体なのか

　そもそもアジアは経済的に統合された経済共同体なのだろうか。図7-13は，東アジアの消費財輸出に占めるアメリカ，日本，EU，中国のシェアを示したものである。

　図に見るように，最終市場としてのアメリカのプレゼンスは依然として大きく，日本市場は東アジアではもっとも大きいものの，アメリカの3分の1程度のシェアにとどまっており，そのシェアは低下している。中国のシェアはわずかである。東アジアの貿易ネット

表 7-1 EPA の進捗状況（2008 年 5 月末現在）

◆発効済み……シンガポール，メキシコ，マレーシア，チリ，タイ
　　↑
◆署名済み……フィリピン，ブルネイ，インドネシア，ASEAN 全体
　　↑
◆交　渉　中……GCC（湾岸協力会議），ベトナム，インド，オーストラリア，スイス

（出所）　経済蚕業省 HP「我が国の EPA/FTA に向けた取組みについて」を参照して作成

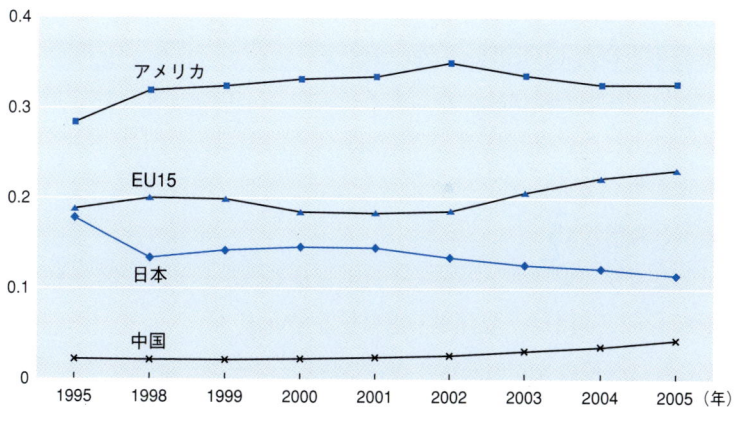

図 7-13　東アジアの輸出に占める日本，アメリカ，EU15，中国のシェア
（1995～2005 年：消費財）
（データ出所）　COMTRADE データベースより作成

ワークは確かに緊密さを増しているが，それは消費財よりも，中間財・資本財を通じてである。要するに，アジアにとっての消費財市場は今も昔もアメリカが圧倒的に大きな存在であり，市場としての日本の役割は限定的である（原田・熊谷（2006））。

これはまた，アジア通貨の交換比率を固定してアジア共同通貨を創出しようという構想が，その前提を満たしていないことを意味する。すべての財は，最終的には消費財となって，その代金を決済される必要がある。

ところが，消費財の主要な輸出先はアメリカであるのだから，代金の多くはドルで決済されることになる。取引の便宜のためには自国通貨とドルとの交換比率が安定していることが重要で，アジア通貨間の交換比率が固定されていても大きな意味はない。

日本はアジアに依存しているが，アジアは日本に依存していない

近年，日本の輸出に占める東アジアのシェアは，図7-14に見るように，ここ10年で上昇して5割近く，中国に対しては1割強へと上昇しているが，アメリカに対しては2割強，EUに対しては1割強へと低下している。

ところが，東アジアの輸入に占める日本のシェアは，図7-15に見るように，15％から10％へと低下している。

これは一般の人々の漠然と抱いているイメージとは異なるように思われる。一般のイメージは，「日本は多くの輸入品において，東アジアに依存するようになった。だから，東アジアも日本に依存している，日本は東アジアにこれまでにないほど重要な市場を提供している」と漠然と思っているのではないだろうか。

東アジアへの依存についていえば，たとえば，履き物や繊維製品，玩具などの一部の製品で東アジアからの輸入が全体の9割以上，と

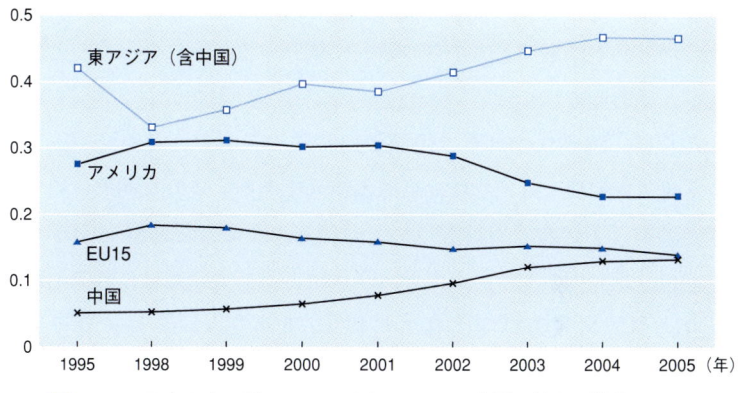

アジアは経済共同体なのか 171

図 7-14 日本の東アジア,アメリカ,EU15,中国に対する輸出シェア
(データ出所) COMTRADE データベースより作成

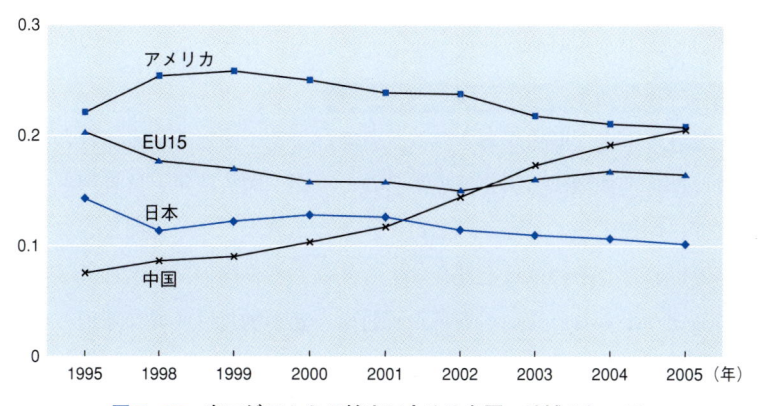

図 7-15 東アジアからの輸出に占める各国・地域のシェア
(データ出所) COMTRADE データベースより作成

くに中国からの輸入が8割を超えるような品目が数多く見受けられるようになっている（鈴木，2004）。

しかし，ここ10年の真実は，「東アジアは日本市場に依存していないが，日本は東アジアからの輸入に依存するようになった」ということである。

これは，90年代の日本の停滞と同時期のアジア，とくに中国のめざましい発展を考えれば，当然の結果である。より長期的に見ても，東アジアにおける日本のプレゼンス，とくに貿易額やGDPといった「量」の面でのプレゼンスが後退することは避けられないだろう。東アジアでは，それぞれ13億，5億の人口を抱える中国，ASEANが今後も日本を大幅に上回る経済成長率で発展を続ける可能性が高い。また，こうした成長地域は当然，世界から有望な投資機会として注目されており，けっして「日本の庭」ではない。よほど積極的な投資を行わない限り，東アジア地域での日本の投資のプレゼンスも，相対的には低下することになるだろう。

発展をもたらすのは統合ではなく開放

発展と密接な関係があるのは統合ではなくて開放である。統合政策とは特定地域に自国を開放することだが，開放政策とは自国を全世界に開放することだからである。その地域が，十分に開放されていなければ，その地域と統合しても，むしろ自国の開放度は低下してしまうかもしれない。貿易の利益は，基本的には，異なる国との交易から生まれるのであって，同じような国との交易から生まれるのではない。同じような国と統合すべきだとすれば，同じような国との自由貿易や資本，労働の移動を保障してもその利益は小さいに決まっている。

もちろんこれには，むしろ同じような国との自由な経済活動の利

表7-2　EUのコペンハーゲン基準

EUのコペンハーゲン基準
1993年コペンハーゲン欧州理事会が定めたEU加盟のための3つの主要な基準

1. 政治的条件
候補国が，民主主義，法の支配，人権，少数民族の尊重と保護を保障する安定した制度を確立していること

2. 経済的基準
候補国には，正常な市場経済が存在し，EU内の競争圧力と市場諸力に対応する能力を有すること

3. 政治・経済・通貨の統合という目的に忠実であることを含め，EU加盟国の義務を履行する能力を有するという基準
候補国が「アキ・コミュノテール」と称されるEUの法体系の総体を受容すること

(出所) パスカル・フォンテーヌ『EUを知るための12章』駐日欧州委員会代表部訳，2004年

益が大きいという有力な反論がある。ヨーロッパの統合は同じような国の統合である。むしろ、ヨーロッパの統合とは表7-2に見るように、同じような経済発展と民主主義のレベルに達した国だけが統合できる制度だというべきかもしれない。そして、同じような国の間の貿易が、違う国との貿易よりも急速に伸びている。

　豊かな国の消費者が求める微妙な差異を持つ商品を、統合された国々が相互により自由に供給しあうことによって、生活水準を高めているというのである。もちろん正しいだろうが、異なる国との貿易も同じような国との貿易も、ともに生活水準を高めるのだから、すべての国との自由な貿易こそが繁栄を導くはずである。

　発展に必要な政策は、必ずしも統合とは一致しない。それは、アジアの国々の発展の歴史を見てみれば明らかである。

　東アジアは、アジア経済危機の生じた1997年半ばまで、世界のどの地域よりも急速で持続的な成長を遂げてきた。また、ほぼすべての国が、この危機を脱し、再び成長していた。アジアがなぜ発展してきたかといえば、まず自由貿易にコミットし、私的所有権の保護を図り、契約の遵守など、投資の予測可能性を高めてきたからである。これは、開放度の高い香港とシンガポールが、開放度の低い国よりも豊かであることから明らかである。また、中国が、開放度の低い時代には発展しなかったが、70年代末に改革開放路線に転換してからは、力強い発展を続けていることからも明らかである。

　もちろん、これらの原則に違反する事例をいくつか指摘することができるかもしれないが、発展していない他の多くの途上国と比べれば、東アジアの国々において、貿易はより自由であり、契約は遵守されることが多く、その結果、海外からの投資も他の地域よりもより多く流入したのである（表7-3は、最近の主要国・地域の対内

表7-3 主要国・地域の対内直接投資

(単位：100万ドル，％)

			2005年	2006年	伸び率
アメリカ			108,996	180,580	65.7
カナダ			28,922	69,041	138.7
EU25カ国			654,761	668,688	2.1
	EU15カ国		616,767	629,882	2.1
		ルクセンブルク	116,373	96,960	△16.7
		フランス	81,063	81,076	0
		ドイツ	35,866	42,868	19.5
		イタリア	19,922	39,114	96.3
		オランダ	97,663	77,423	△20.7
		スペイン	25,020	20,016	△20.0
		イギリス	195,990	139,543	△28.8
	新規加盟10カ国		37,994	38,806	2.1
		ポーランド	9,602	13,922	45
		スロバキア	2,107	4,165	97.7
スイス			△1,266	25,089	n.a.
オーストラリア			△35,056	24,531	n.a.
日本			3,223	△6,789	n.a.
東アジア			150,467	174,407	15.9
	中国		79,127	78,095	△1.3
	韓国		6,309	3,645	△42.2
	台湾		1,625	7,424	356.9
	香港		33,625	42,894	27.6
	ASEAN		29,782	42,350	42.2
		タイ	8,957	9,751	8.9
		マレーシア	3,967	6,047	52.4
		シンガポール	15,004	24,207	61.3
インド			6,676	16,881	152.9
ブラジル			15,066	18,782	24.7
メキシコ			15,763	19,037	20.8
ロシア			12,766	28,732	125.1
イスラエル			4,754	14,150	197.7
世界			1,129,748	1,421,452	25.8

(出所) 2007年版ジェトロ貿易投資白書～拡大するアジアのFTAの活用と日本企業の成長戦略～資料編
(資料) 各国の国際収支統計、BOP（IMF）、欧州委員会統計局（Eurostat）などから作成
世界の数値はジェトロ推計値。ASEANは、タイ、マレーシア、インドネシア、フィリピン、シンガポールの5カ国。オランダは特別目的会社（SPE）を含む。

直接投資を示したものである)。

これらのことは,発展に必要なのは統合ではなくて開放であることを示している。このような政策を採用した背景として,これらの国々には海外の優れたものを素直に学ぶという国民的精神があったからである。このような精神の横溢していた明治の日本は飛躍的な発展を遂げ,この精神を失った昭和前期に日本は道を誤った。戦後の日本は再び学ぶ精神を持ったが,その精神を失ったバブル期以降は停滞することになった。

● 統合の戦略的側面

以上の議論に対して,繁栄のために開放が正しいとしても,現実に世界の国々は統合に向かっており,日本が1人取り残されてしまえば,開放すらもできないだろうという批判がある。この批判は正しい。統合するとは,特定の国同士は開放しあうが,それ以外の国とは開放しないということである。統合が多数派になれば,統合しない国は開放されないことになる。図7-16に見るように,世界でFTAは拡大している。

このことは現実にメキシコの北米,EUとの経済統合で日本が経験したことである。メキシコが日本以外の先進工業国と経済統合すれば,日本の工業品の輸入関税は高くなる。工業品輸出の利益に比較すれば,農産物輸入の増大による国内農業の損失は小さい(経済学的にいえば,農産物輸入の増大は消費者の利益であり,その利益は農産物生産者の損失よりも大きい)。日本はあわててメキシコとの間にEPAを結ぶこととなった。この場合でも,日本の利益は,本来,開放から得られるものであって,統合から得られるものではない(日本とメキシコの貿易関係は図7-17参照)。

統合の戦略的側面

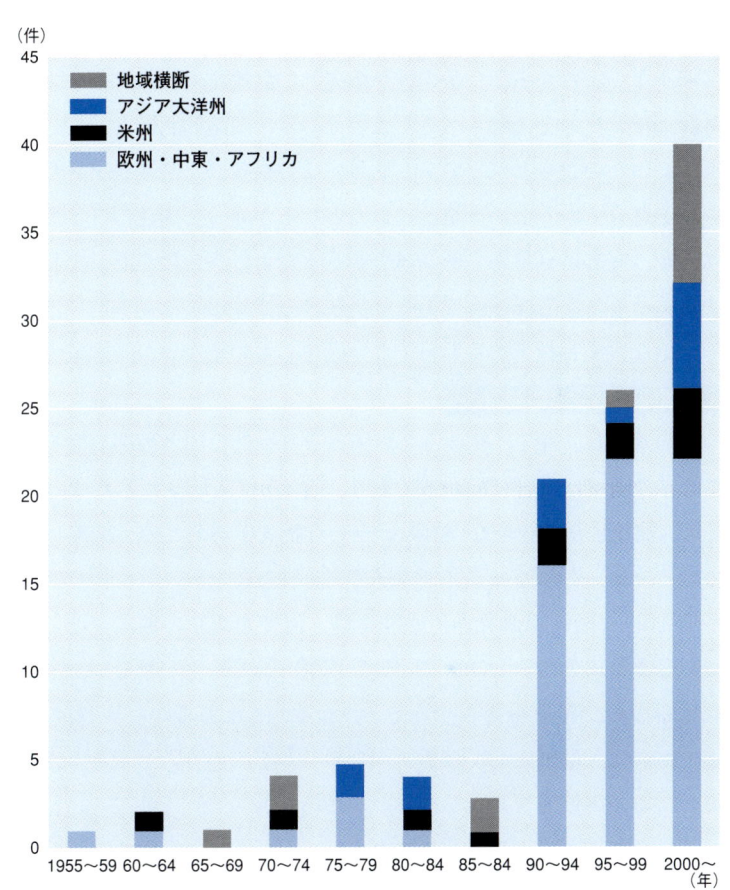

図7-16 世界のFTA年代別・地域別発効件数

（データ出所）内閣府「平成16年度 経済財政白書」
　（資料）WTOホームページ（http://www.wyo.org/english/tratop_e/eif_e.xls）
　　掲載リスト（2004年5月1日現在）より作成
WTOホームページのリストに掲載されている地域貿易協定208件中，以下に該当する101件は除外。
(1) 2004年5月1日のEU拡大に伴い失効したもの
(2) 既存FTAへの新規加入に伴う重複
(3) GATTとGATS両方への通報に伴う重複，など

自由な貿易，投資の促進は，本来WTO（世界貿易機関）の仕事である。しかし，現実を見ればWTOの力は弱く，世界経済の開放は進まない。だから，少数の国が率先して開放を進めることのできる経済統合に力を入れるべきだというのは，戦略的判断としては間違っていないかもしれない。しかし，この議論は，国連がダメだから有志連合でいくという議論に似たところがある。国連の好きな日本人が，有志連合である経済統合が好きだというのは不思議な気がする。そして，有志連合である経済統合のほうがより効率的に世界の自由な貿易と投資をもたらすとは必ずしもいえない。

経済統合の3つの問題点

その理由は，第1に統合しない国とそれ以外の国との開放度を低めることである（貿易歪曲効果）。日本がメキシコとしたように，あわててEPAを結べば，結果オーライではないかという議論はあるだろうが，いつも結果オーライである保証はない。

第2に，2国間協議であるがゆえに，何でもありの個別交渉になってしまうことだ。だからよいという説もあるかもしれないが，これはむしろ交渉を紛糾させることになるかもしれない。WTOの交渉であれば，原則として世界一律のルールを決めることであるから，反対する国内業者も説得しやすい面がある。

話はそれるが，グローバルスタンダードだといったからこそ，旧来の会計制度や会社制度を変えることができたのではないだろうか。WTOでもこの戦略が使えないことはないだろう。1960年代に，WTOの前身であるGATTに日本が加盟するとき，日本が世界の一員になる以上，貿易自由化は必然だといって国内の反対派を説得した。この説得は効果があったと思う。

第3に，すでに力の弱まっているWTO中心の世界の自由貿易体

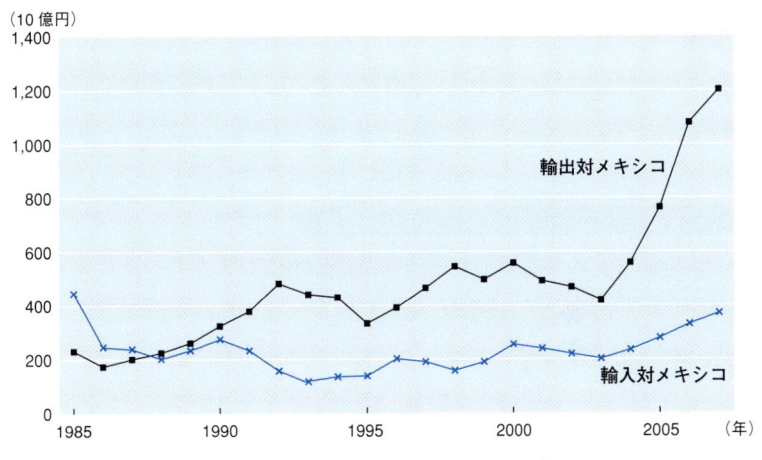

図7-17　日本の対メキシコ貿易の推移

(データ出所)　財務省「貿易統計」
メキシコは1994年にNAFTAとなり、また2000年にEUとFTAを締結した。
日本とのEPA発効は2005年5月。

〈市場アクセス分野〉		1948年1月	GATT発足		〈ルール分野〉	
	鉱工業品関税	1973～79年	東京ラウンド	アンチ・ダンピング協定等諸協定		
農業、サービス	鉱工業品関税	1986～94年	ウルグアイ・ラウンド	アンチ・ダンピング協定等諸協定	繊維協定、TRIPS協定、TRIM協定、紛争処理等	
		1995年1月	WTO発足			
農業、サービス（ビルトイン・アジェンダ）	非農産品市場アクセス	2001年～	新ラウンド「ドーハ開発アジェンダ」	アンチ・ダンピング協定等	(途上国の実施問題、医療品アクセス等も議論)	シンガポールイシュー（投資、競争、貿易円滑化、政府調達の透明性）、環境

図7-18　WTOにおける自由化交渉の流れ

(出所)　経済産業省「通商白書　2004年」
TRIPS協定とは「知的所有権の貿易関連の側面に関する協定」、TRIM協定とは「貿易に関係する投資措置に関する協定」のことを指す。

制を，さらに弱めてしまうかもしれないことだ。ダンピング問題などで，WTOは，ルールの公正さを，第三者が入って判断するという枠組みを提供してきた。これが十全に機能したとはいえなくても，なんとか役には立ってきた。2国間交渉が原則の経済統合では，これはできないことだろう。図7-18はWTOの自由化交渉の流れを示したものである。この流れを強化することは必要である。

経済統合についての冷静な検討の必要性

経済統合をより積極的な国内改革の梃子(てこ)としようという考えもある。しかし，アジアと統合しなければならないから国内保護を止めようという説得に効果があるだろうか。世界から見放され，アジアからも見放されるのはかなわないからアジアぐらいとは一緒にいなければならないというのはわかるが，そもそも世界から見放されないようにしていればいいといえないだろうか。普通に考えれば，因果関係が逆で，国内の改革が進まないから統合もできないのだろう。

ヨーロッパの統合では，ヨーロッパ・スタンダードの規範的意識が機能していただろう。東欧の人々にとって，かつてヨーロッパの中心（彼らは中欧という言葉を好む）だった東欧が遅れたのは，西欧の基準と伝統から逸脱したからだという意識がある。ヨーロッパ・スタンダードである自由，人権の尊重，民主主義，私的所有権の保護，市場経済の擁護にコミットすることによって一刻も早くヨーロッパの一員になりたい，そのために国内改革を進んで行おうという意識がある。しかし，アジアにそのような意識はない。

アジアでも，日本，台湾，韓国，タイのように，自由，人権の尊重，民主主義，私的所有権の保護，市場経済の擁護にコミットしている国のほうが，より繁栄し，安定し，幸福であるように思えるのだから，そのような国々の経済統合をまず始めようという動きがあ

コラム　見えない協力関係

　統合することによって得られる平和と繁栄もあるが，統合しないことによって得られる平和と繁栄もある。日本的経営システムの中では，しばしば全人格的な協調を求められるといわれる。これが楽しいと感じられることもあるかもしれないし，うっとうしいと感じられることもあるし，あるいは，疎ましいと思われるときもある。国家の統合も同じようなものではないだろうか。人間は，気の合った仲間と一緒のときこそが楽しいのであって，無理に気の合わない人々と一緒になる必要もない。気の合わない人々とも協力する方法が，開放である。

　財の開放だけをしているときには，協調はきわめて間接的である。中国が改革開放路線に進んだとき，中国の繊維製品を東南アジアのバイヤーが買い付けに来た。東南アジアの人々は，中国の安い衣料品を購入することができるようになった。中国の生産者と，東南アジアの小売店は，東南アジアの人々に衣料品を販売することにおいて協力している。しかし，中国の生産者も東南アジアの小売店も，彼らがお互いに協力していることなどに気づいてもいないだろう。しかし，彼らは協力しているのである。さらに日本も中国に買い付けにやってくる。日本のバイヤーは，日本の消費者に満足されるような品質の衣料品を生産するために，細かい品質指導を行う。さらには，安定的な品質と数量の供給を確保するために，自ら中国に工場を建設するようになる。ここで，日本の衣料品小売業と中国の生産者との協力関係はやや眼に見えるようになる。日本のバイヤーの指図は，疎ましいものに思われるかもしれないし，品質を上げることが利益につながると理解されれば歓迎されるかもしれない。また，この段階までくれば，生活水準の向上したアジアNIEsの国も，中国で，あらゆる品質と価格の多様な衣料品を買い付けることができるようになる。これは，目に見えない協力関係を作ることになる。

ってもよいように思うが、どうもそのような動きはないようだ。

経済統合についての私の結論は、「WTO体制へのコミットは引き続き重要である、しかし、経済統合の戦略的側面は無視できない。両方を進めていくしかないだろう」という常識的なものにすぎない。だが、統合についての規範的意識には慎重であるべきだ。

統合と平和と繁栄

皆が同じようになることが平和と安定をもたらすのかもしれないが、皆が異なっていられるようにすることが平和と安定をもたらすこともある。無理やりの統合は、むしろ不愉快な調整を増大させることになるかもしれない。しかし、日本のように資源に乏しい国が豊かな生活を維持するためには、自由な貿易、すなわち開放が絶対に必要である。

開放は統合よりも国々の独自性を維持でき、それゆえにむしろ自由であると考えられる。すなわち、統合して共通部分を拡大することによって得られる平和と繁栄があることを否定するわけではないが、開放によって共通部分を最小にしたままで得られる平和と繁栄の可能性こそがより大きいのではないだろうか。また、開放が人々の交流と理解を進め、その結果として統合をもたらすことがあるかもしれない。

本来、必要なのは開放であり、経済統合は全世界の開放のための戦略的な意味以上のものを持たないのではないか。

第8章
人口減少と少子高齢化

人口減少は問題なのか

日本の人口は，図8-1に見るように2005年からすでに減少している。人口減少で大変だといって，大騒ぎになっている。しかし，人口が減少することが，そんなに大騒ぎするべきことなのだろうか。人口が減少するとは，生産する人が減少するが，消費する人も減少するということだ。同じだけ減少すれば，一人当たりの豊かさに何ら変わりはない。

日本全体の経済力は，もちろん人口が減少すれば，その分だけは小さくなる。しかし，その小さくなる度合いは，図8-1に見るように，最大でも年に1％にすぎない。小さな変化が長期にわたって続いていくが，この程度の変化を克服できないということがあるだろうか。日本の企業は，価格や需要が1年で半分になることもあるという変化の中を生き抜いている。

普通の日本人にとって，日本全体の経済力に何の意味もない。そもそも，政府が日本全体の人口を数えているから，人口が減少したとわかるので，政府が数えなければ，誰も日本全体の人口が減少したなどと気がつかない。気がつかなければ，大騒ぎもできない。普通の人々にとって大事なのは，一人ひとりの豊かさであって，日本全体の経済力ではない。

人口が減少しても一人当たりで貧しくなることはない

人口が減少することが，一人当たりも貧しくするという議論もある。経済には規模の経済があり，1億2800万人という人口の規模の利益があるからこそ，日本は高い経済力を勝ち得たのだというのである。また，優れた企業家や技術者は，他の人々にも大きな恩恵をもたらす。人口が大きければ，そのような人材も輩出しやすい。だから，人口規模は重要だというのである。

人口減少は問題なのか 185

年	人口	65歳以上の割合	増減
2005年（15歳）	1億2777万人	20.2%	
2020年（30歳）	1億2274万人	29.2%	−3.9%減少（年平均0.3%減）
2035年（45歳）	1億1068万人	33.7%	−9.8%減少（年平均0.69%減）
2050年（60歳）	9515万人	39.6%	−14.0%減少（年平均1.00%減）

＊括弧内は2005年時点で15歳の人の年齢の推移を示す。

図 8-1　総人口の推移の見通し（出生中位（死亡中位）推計）
（データ出所）　国立社会保障・人口問題研究所「日本の将来推計人口（平成18年12月推計）」

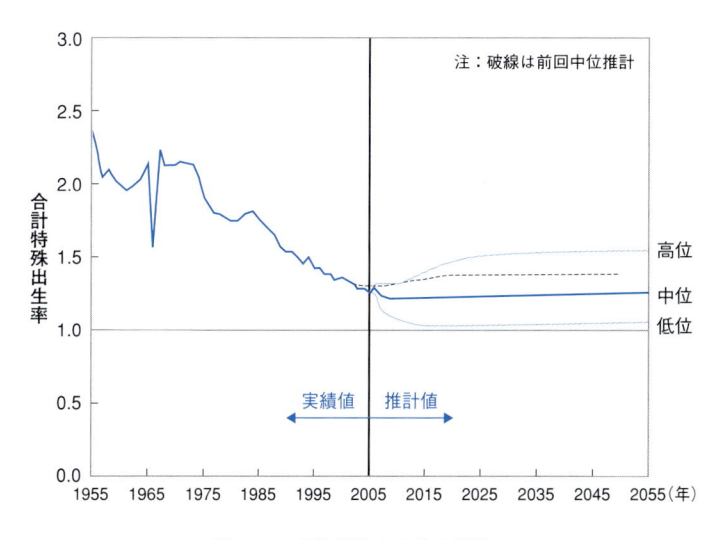

図 8-2　合計特殊出生率の推移
（データ出所）　国立社会保障・人口問題研究所「日本の将来推計人口（平成18年12月推計）」
合成特殊出生率とは、女性の年齢別出生率を15〜49歳にわたって合計した数値で、代表的な出生力の指標である。簡単にいうと、女性がその年齢別出生率に従って子どもを生んだ場合、生涯に生む平均の子ども数に相当する。

しかし，世界には小さくて豊かな国がいくらでもある。第3章で見た，ヨーロッパの小さく豊かなで成長率も高い国を思い浮かべてほしい。アジアではどうだろうか。中国，台湾，香港，シンガポールは，いずれも中国人の国であるが，小さな国ほど豊かである。規模の経済は，自由な貿易があれば実現できる。国内の市場ではなく，**世界の市場**を相手にすればいいからだ。

また，優れた人材を輩出する上で重要なのは，人口の規模よりも，人々の自由な活動を許す寛容さである。中国は古代から人口大国だったが，経済と文化の発展においては世界に遅れた。人々の自由な活動を許す寛大さを持っていなかったからだ。

明治維新前後，黒船が来る前と来た後の日本の人口はほぼ同じである。ところが，同じ日本人が，一挙に活動的になり，ビジネスにおいても思想においても，まったく異なる人間のように振る舞いだした。海外の優れた制度，文化，技術に触れて刺激を受け，人々の自由な行動を許す制度ができたからだ。

確かに，人口が多いということは他の人々に利益を与える天才が生まれる可能性を高めるかもしれないが，他の人々に害をなす天才が生まれる可能性も高まる。中国の汚職報道を見ると，賄賂の額は100億円単位である。日本の汚職はなかなか億を超えない。人間が多ければ，善のスケールが高まるかもしれないが，悪のスケールもまた高まる。人口が大きければよいとは必ずしもいえない。

汚職のスケールが中国で大きいのは，人口が多いということのほかに，自由な言論による批判が許されていないからだろう。自由は，悪を抑えるためにも有効だ。

コラム　国の力は，国民の数ではなく自由から生まれる

　人々を豊かにするのは，第1章でも述べたように，人間の数ではなくて自由である。封建社会では，人々がすべきことは生まれながらにして決まっている。決まったことするしかない人々は豊かにはなれない。しかし，資本主義社会では，人々は自ら運命を開拓する。自由とは決められていないことをすることである。そのためには，政治が人々の自由を保証しなければならない。人間の数よりも，自由の保証こそが経済進歩のためには重要である。

　戦争となれば，一人当たりの豊かさを反映した武器の優秀さとともに，兵隊の数が大事で，人口が減少するような国は大国になれないという議論があるかもしれない。

　私は，そのような大国にならなくてもいいと思っている。しかし，仮にそのような大国になるとしても，兵隊の数よりも武器が重要なのは，アメリカの戦争を見ていても明らかである。圧倒的に優位な兵器を持っているからアメリカ軍は強いのであって，アメリカの兵士が多いからではない。優位な兵器を支えるのは，一人当たりの豊かさである。

　確かに，敵意に満ちた民衆を抑えつけるには多くの兵士が必要なようだが，アメリカが戦争で勝つだけなら，数はたいして重要ではなかったように思える。

　日本が戦わなければならないとすれば，日本を海と空から襲う敵を撃退することだけだ。それなら，数よりもハイテクの装備，すなわち，一人当たりの豊かさこそが重要である。

問題は人口ピラミッドが倒れてしまうこと

　もちろん，人口が減少するとは，単に人口が減少するのではなくて，若者が減少し，高齢者が増加する形で全体の人口が減少していくことだ。男女の人口を，左右に年齢別に下から上に横棒で書いたグラフ，すなわち人口ピラミッドが，図8-3に見るように単に小さくなるのではなくて，上のほうが大きくなりながら全体が小さくなっていくことだ。

　高齢者が増大するとき，年金，医療，介護の負担は，現行の制度を前提とすれば，否応もなく増大していく。若者はこの負担に耐え切れない。人口ピラミッドは倒れてしまう。人口ピラミッドが倒れないようにするためには，年金，医療，介護など高齢者への社会保障支出をカットし，若者の負担を軽減するしかない。

　現在すでに高齢か，あるいは近く高齢化する世代は，総体として多くの子どもを生まず，彼らが社会のリーダーであった時代には，高い成長も，若者のために高給の仕事を作ることもできなかった。高度成長は35年前までの話であり，高度成長の最後の時期に40歳だった人は，すでに75歳である。焼け野原から高度成長を作り出した世代は，すでに十分な年金をもらっている。

　だから，高い年金をもらうのは諦めてくださいといって，高齢者への社会保障支出を削減し，若者をその負担から解放するしかない。私は，これが当たり前で，それ以外に方法がないと思うのだが，多くの人はこの理屈に納得できないようだ。しかし，納得できなくても，払えないものは払えない。国民年金の空洞化が問題になっているが，多くの若者は払わないのではなく，安定した職に就くことができないので払えないのだろう。

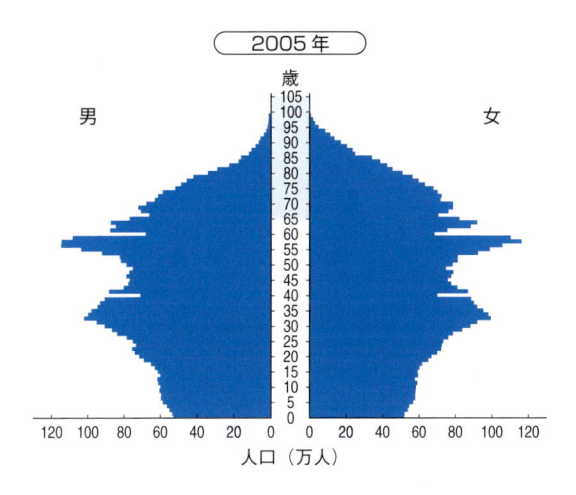

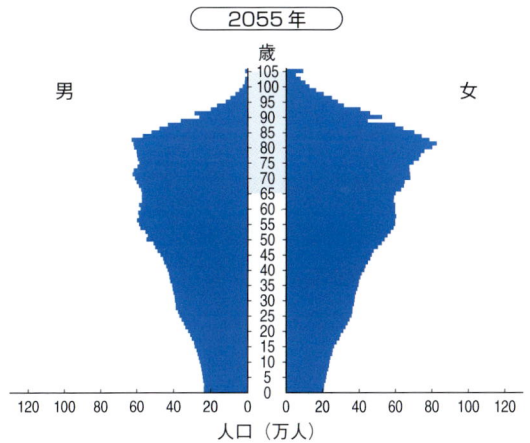

図 8-3　2005 年と 2055 年の人口ピラミッド（出生中位（死亡中位）推計）

（データ出所）　国立社会保障・人口問題研究所「日本の将来推計人口（平成 18 年 12 月推計）」

65 歳以上の人口は 2005 年の 2,576 万人から 2055 年には 3,646 万人に増加し，全人口に占める 65 歳以上の高齢者の比率は，2005 年の 20.2％（約 5 人に 1 人）から 2055 年の 40.5％（約 2.5 人に 1 人）に上昇する。

子どもを増やせば解決するという幻想

　ここで子どもを増やせば高い年金を諦めなくてもいいという選択が人気を集める。人口構成がピラミッド型になっていれば，高齢社会のための社会保障支出を削らなくて済むという都合のよい選択になる。しかし，子どもはそう簡単には増えない。先の図8-2に見るように合計特殊出生率は70年代の2.0から低下してきた。

　なぜ子どもが減少しているかといえば，子どもを育てる費用が増大しているからだ。子どもの可愛さに変わりはなくても，子どもを育てる費用が高くなれば子どもは増えない。

　子育ての費用には，養育費，教育費という直接の費用に加えて，子どもの養育によって母親が働くことができないという費用（子育ての**機会費用**）がある。この最後の費用が一番大きい。「平成15年度経済財政白書」の試算によれば，図8-4に見るように，大卒の平均的な女性がずっと働き続けた場合と，退職して出産，子どもが小学生になるまで育児に専念した場合を比較すると，この子育て期間に失う所得は2700万円になる。しかし，子育てで失う所得はこれだけではない。子育て後，女性が仕事に戻っても，年功賃金に戻ることはできず，パートで働くことになるのが通常である。すると，続けて働いた場合と，出産育児のために退職してパートで働いた場合の差額は，2億3800万円になるという。子どもの費用は，これに養育費，教育費を足したものである。

　もちろん，この数字は，過去の年功賃金制度時代のデータから得られたものであって，年功賃金制度が崩れる将来においては，もっと小さくなるという批判がある。この批判は正しいが，日本の年功賃金カーブが欧米と同じようになっても，巨額の費用であることは変わらない。

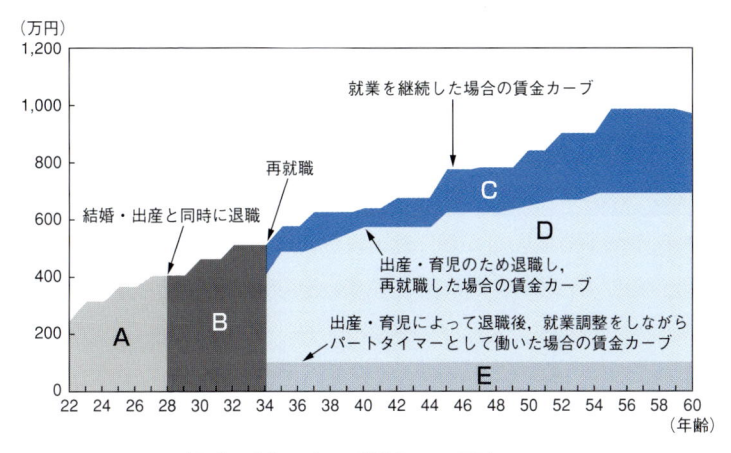

子どもを増やせば解決するという幻想　　191

(万円)
グラフ領域ラベル：
- A：結婚・出産と同時に退職
- B：再就職
- C：就業を継続した場合の賃金カーブ
- D：出産・育児のため退職し、再就職した場合の賃金カーブ
- E：出産・育児によって退職後，就業調整をしながらパートタイマーとして働いた場合の賃金カーブ

横軸：22〜60（年齢）
縦軸：0〜1,200（万円）

A＝1,922.4万円（退職の場合はプラス退職金74.3万円）
B＝2,735.4万円
C＝4,737.3万円（プラス退職金の差額1,005.0万円）
D＝13,662.5万円（プラス退職金1,653.4万円）
E＝2,700.0万円

大卒女子の就業ケース	総所得額	機会費用
(1) 就業を継続	A＋B＋C＋D＋E＝28,560.3万円	―
(2) 出産・育児によって退職後，再就職	A＋D＋E＝20,082.6万円	(1)－(2)＝8,477.7万円
(3) 出産・育児によって退職後，パートタイマー	A＋E＝4,766.7万円	(1)－(3)＝23,793.6万円

図8-4　出産・子育てによる就業中断に伴う就業所得逸失額（大卒女性のケース）

（データ出所）　内閣府「平成15年度　経済財政白書」
　（資料）　労働大臣官房政策調査部「退職金制度・支給実態調査報告」（平成9年）および厚生労働省「賃金構造基本統計調査」（平成13年）により作成
1. 試算に用いた女性は22歳時に就職。28歳の結婚・出産と同時に退職し，子どもが満6歳となる34歳で再就職するものとする。
2. 賃金モデルは「賃金構造基本統計調査」（平成13年）の大卒・職種計のデータを使用。なお，所定外給与は考慮していない。
3. 「出産・育児のため退職し，再就職した場合の賃金カーブ」は37，38歳，49〜54歳，ならびに59歳以降の賃金が一時的に増減するため，線形補正をしている。

この莫大な費用を考えれば、なぜ児童手当に効果がないかがわかる。正確にいえば、効果はあるのだが、子どもの費用に比べてあまりにも少額なので、その効果が目に見えない。効果が見えるほどの児童手当を支給するとすれば、その財政コストは膨大なものとなる（人口を増やす困難さについては原田・阿部（2008）参照）。

人口減少を前提に考えるしかない

人口が減少していくなら、外国人労働者で代替すればよいという議論もある。しかし、これも高い年金をもらうのを諦めなくてもよいという幻想を与えるだけの議論である。

日本の生産年齢人口（15～64歳人口）は、図8-5に見るように、2005年の8442万人から2055年の4595万人まで3847万人減少する。生産年齢人口の75％の人が働くとして、この減少を補うためには2885万人の外国人労働者が必要ということになる。これは、日本を多民族国家にすることだ。外国人労働者の導入を議論している人々が、そのような覚悟をもって議論しているとは思えない。外国人労働者が多い地方自治体では、外国人の国民健康保険料徴収率が低く、町会費の負担忌避などが問題となっている（飯田、2005）。

なお、平成17（2005）年国勢調査によれば、日本における外国人人口の総数は155万6千人、そのうちの就業者数は77万2千人となっている。また、人口移動の面では、2005年に日本に入国した外国人から出国した外国人の数を差し引いた値は、図8-6のように男女とも年に3万人程度の入国超過となっている。

このように考えていくと、人口減少を前提に考えるしかない。そもそも、仮に人口が今年から爆発的に増えるとしても、その子どもたちが人口逆ピラミッド社会を支えるのは20年後のことだ。人口減少、人口逆ピラミッド社会が到来することを前提とするしかない。

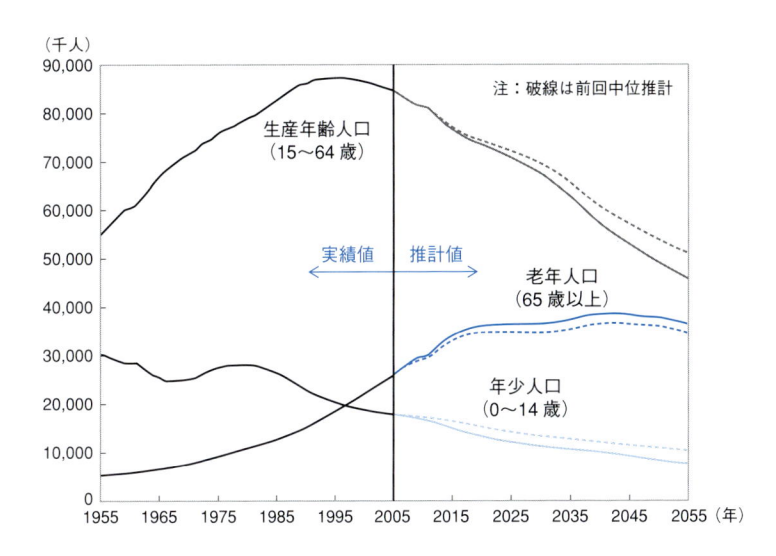

子どもを増やせば解決するという幻想　　　　　　　　　　　193

図 8-5　生産年齢人口の推移（出生中位（死亡中位）推計）
（データ出所）　国立社会保障・人口問題研究所「日本の将来推計人口（平成 18 年 12 月推計）」

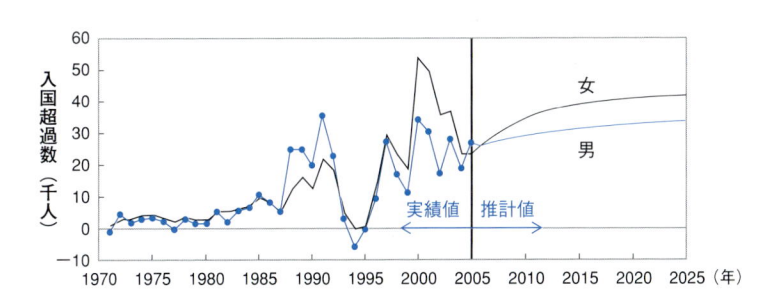

図 8-6　外国人の入国超過数の推移
（データ出所）　国立社会保障・人口問題研究所「日本の将来推計人口（平成 18 年 12 月推計）」
入国超過数 ＝ 入国者数 － 出国者数。

高齢社会の負担を削減するしかないということだ。

高齢化は，どれだけ心配すべきことか

　人口が減少することに問題はないが，現実には，高齢化しつつ人口が減少する。高齢になれば，いずれ人間は働けなくなる。したがって，消費する人があまり減らないで，生産する人が大きく減れば，日本は一人当たりでも貧しくなる。しかし，問題は，その貧しくなる程度がどのくらいかである。

　表8-1は，日本全体の人口と働ける人の人口（生産年齢人口，15～65歳の人口）の動きを示したものである。2005年から2030年にかけて，日本全体の人口は毎年0.4％ずつ減少していくが，生産年齢人口は毎年0.9％ずつ減少していく。この差，0.5％が，高齢化によって日本の一人当たりの豊かさを低下させる大きさである。

　この数字は，出生率の低下があるところから反転すると仮定している中位推計による予測である。中位推計はこれまで外れ続けてきた。そこで出生率がほぼ低下し続ける仮定している低位推計の予測も見ておくべきだという意見があるだろう。ところが，2000年から2030年までの低位推計によれば，高齢化が日本を貧しくする力は毎年0.4％と中位推計の場合よりも小さくなる。

　低位推計では子どもがより少なくしか生まれないので，生産年齢人口以外の人口が小さくなるからだ。そこで，高齢化によって，毎年0.5％ずつ貧しくなる力が働くという仮定は適切なものと判断できる。では，このマイナス0.5％のインパクトはどのくらい重要なものだろうか。

マイナス0.5％のインパクトは吸収できる

　あまり知られていないことだが，90年代以降の「失われた十年」

表 8-1 総人口と生産年齢人口の動き

	総人口の伸び率	生産年齢人口の伸び率	一人当たり豊かさへの影響
2005→2030 年	−0.4	−0.9	−0.5
2030→2055 年	−1.0	−1.5	−0.5
2005→2055 年	−0.7	−1.2	−0.5

（データ出所）　国立社会保障・人口問題研究所「日本の将来推計人口（2006年12月推計）」、中位推計

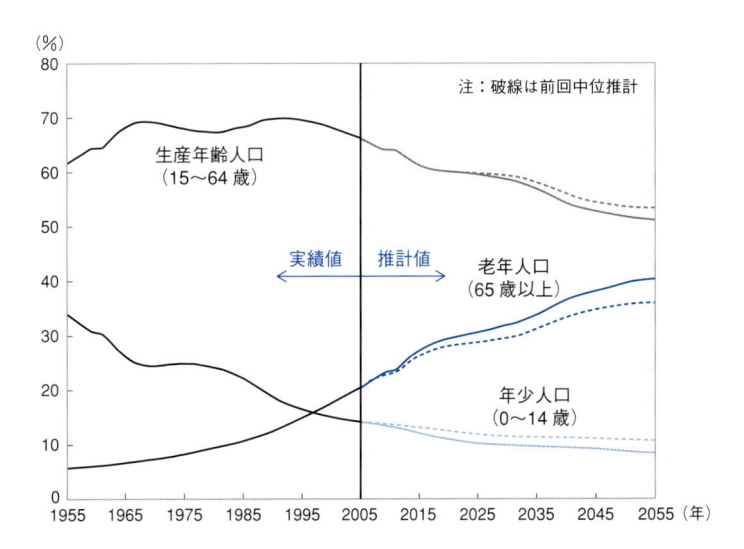

図 8-7　生産年齢人口割合の推移（出生中位（死亡中位）推計）
（データ出所）　国立社会保障・人口問題研究所「日本の将来推計人口（平成18年12月推計）」

の経済停滞期でも，日本の労働生産性は，第2章の表2-3に見るように年1.5-1.8％で上昇していた。

また，2000年から2005年では2.1％で成長していた。一番悪い時期でも2％弱なのだから，今後は2％程度で成長できると考えてもよいのではないかだろうか。すると，2％－0.5％，すなわち毎年1.5％ずつで一人当たりは豊かになれるということになる。

0.5％ずつ一人当たりの日本人を貧しくしていくとは，具体的には，高齢社会の年金負担である。確かに，人口が無限に増大していけば少ない負担で高い給付の年金制度を設計することができる。しかし，人口が無限に増えていくことは無理である。

図8-8に見るように，日本の人口は1900年の4300万人から100年かけて3倍近い1億2800万人まで増加した。後100年，このテンポでの人口増加が続けば，2100年には3億7500万人の人口となる。これほど多くの日本人が，狭い国土にひしめき合って暮らすことはけっして幸福ではないだろう。

日本の生産性は低いから高くできる

一人当たりの生産性をもっと高めることもできる。日本の労働生産性の水準を国際比較すると，けっして高くないからだ。

日本の一人当たりGDPは，世界最高水準に達し，日本のキャッチアップ型成長の時代は終わったとよくいわれる。しかし，それは為替レートで測った場合である。一人当たり購買力平価GDPでは，日本はけっして高くない。

為替レートは，日本経済の中で，例外的に効率の高いトヨタやキヤノンの生産性を反映している。しかし，日本の物価が高いということは，それ以外に効率の低い，運輸，建設，食品などの産業があるということだ。これらの産業を含めた全産業の生産性を示してい

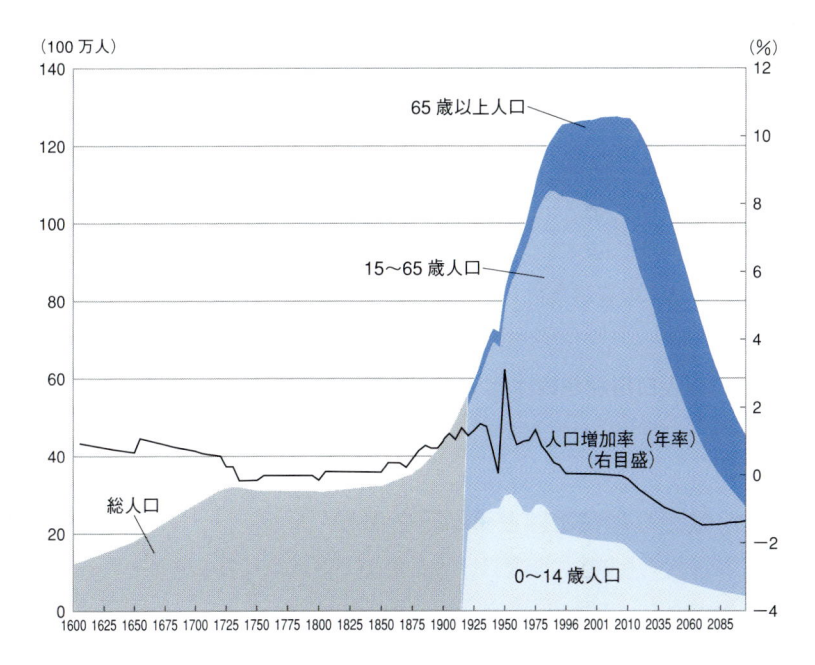

高齢化は，どれだけ心配すべきことか

図 8-8　日本の人口の推移

（データ出所）　速水融・宮本又郎編『日本経済史Ⅰ』岩波書店，1998 年，総務省「日本統計年鑑」，国立社会保障・人口問題研究所「日本の将来推計人口（平成 18 年 12 月推計）」

グラフ化するために，5 年ごとの数字を補間しているところがある。

る一人当たり購買力平価GDPで見れば，日本がアメリカを上回ったことはない。

社会経済生産性本部も，購買力平価GDPでの労働生産性を計算して，日本の労働生産性が主要先進7カ国中最下位で，先進国の中では低いことに警鐘を鳴らしている（社会経済生産性本部，2005）。平均の生産性が低くなるのは第3章の図3-5で示したように，日本には生産性の低い部門が大量に存在しているからだ。

日本の一人当たり購買力平価GDPは，90年代初期にアメリカの85％にまで追いついたが，その後の日本の長期停滞，アメリカの順調な経済成長によりアメリカの70％に低下した。90年代の長期停滞は日本の経済政策の大失敗だったが，未来を考えてみれば悪いことではない。日本とアメリカの差異が拡大した結果，今後，日本がキャッチアップしていく過程で，より高い成長が可能になるからだ。

公正な年金とはどういうものか

高齢化する以上，年金は，適正負担で適正給付の公正なものとするしかない。では公正な年金とはいかなるものだろうか。

自分の収めた年金保険料に公正な金利をつけて老後に返済するというのが公正な年金だ。そうであるなら各自が行えばよいことで，なぜ政府が行わなければならないのかという疑問があるかもしれない。いくつかの答えがありうるが，私が正しいと思う答えは，生活保護制度があるからだ。先進国は，貧しい高齢者が飢えて死ぬようなことには耐えられない。人々は健康で文化的な最低限の生活をする権利を持っている。

もし年金制度がなければ，生活保護をあてにして，若いときに老

公正な年金とはどういうものか　　　　　　　　199

① 年金の額

その他の収入や資産に関わりなく一律に支給

（サラリーマンOB: 最低生活水準 — 報酬比例年金の額／基礎年金の額／年金以外の収入・資産等）

（自営業者OB: 基礎年金の額／年金以外の収入・資産等）

調査はない

② 生活保護の額

まず，年金や家族の扶養，その他の収入・資産等を活用が優先

（無年金）生活保護の額／年金以外の収入・資産等

（低額の年金）生活保護の額／年金額

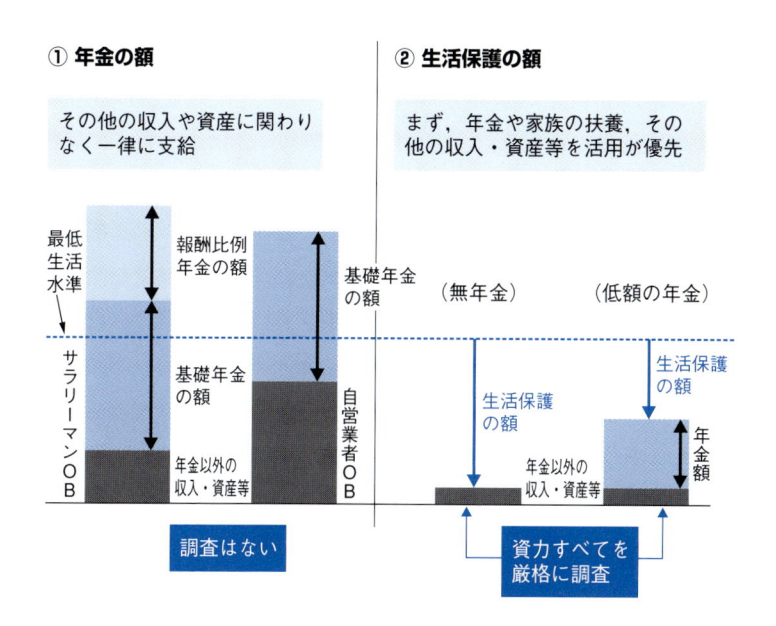

資力すべてを厳格に調査

図 8-9　年金と生活保護

（出所）　社会保険庁 HP「公的年金制度に関する考え方」
図は生活保護の仕組みを政府が説明したものである。図では明らかではないが，生活保護の額は基礎年金の額を基礎年金の額を上回っていることに注目されたい。

後の準備をしない人が出てくる。したがって，年金制度は，政府が強制的に管理しなければならない。年金は，健康で文化的な最低限の生活ができる生活保護水準以上のものにしておく必要も出てくる。そうでなければ，なぜ年金保険料を取るのかという不満が高まるだろう。

年金支払額を決定するために想定する金利は，自由な市場で決まるものが公正ということになる。ところが，長期金利は，名目GDPの成長率にほぼ等しくなる。2006年には，**財政負担**との関係で，長期金利が名目GDPの成長率を上回るか，下回るかが経済財政諮問会議で大議論となっていた。私の見るところ，先進国では，金利が規制されていた時代，デフレや高インフレの時期を除くと，**図8-10**に示すように，名目GDP成長率と長期国債金利はほぼ等しい（事実関係の詳しい説明は，原田・鈴木・長内（2007）参照）。

そうすると，すべての世代において所得の一定率の年金保険料を徴収し，それを高齢者に支給すれば，自分の保険料を自分で公正な金利で運用したのと同じになる。保険料を貯めておく積立方式でも，保険料を今の高齢者に払ってしまう賦課方式でも，支払う金額はたいして違わないものとなる。ただし，人口が増加しているときにはその分だけ有利に，人口が減少しているときにはその分だけ不利になる。

一時推奨されたことのある，自己勘定での強制積立式の年金が，事務コストの高さなどから人気がなくなっていることを考えれば，年金保険料を**一定率**にするという年金制度には見込みがある。重要なのは，保険料率を一定にして変えないことである。後の世代ほど保険料率が高くなるということは，自分で積み立てた保険料ではなく，後の世代からもらっている保険料があるということだ。これは

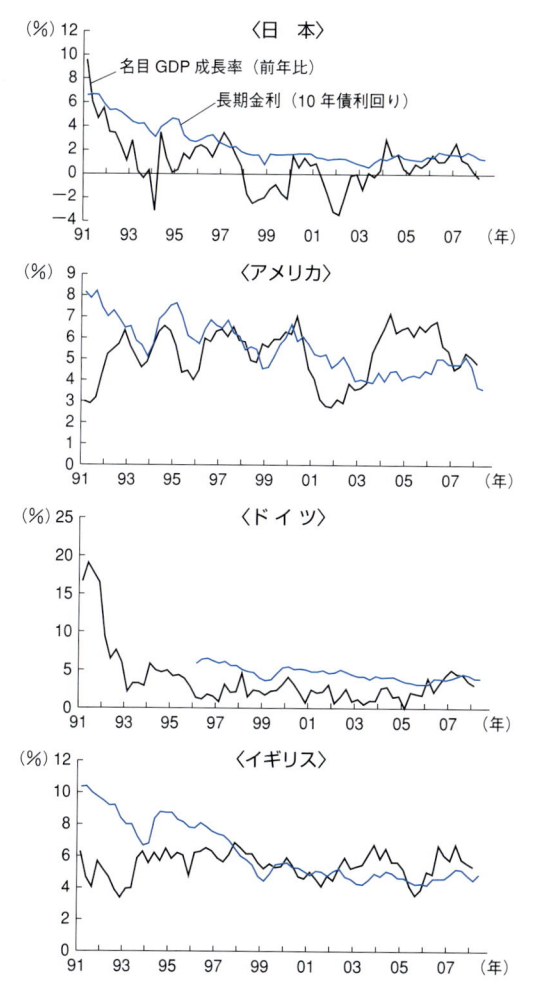

公正な年金とはどういうものか 201

図 8-10　**長期金利と名目 GDP 成長率の推移**

（出所）原田泰・鈴木準・長内智（2007）「基礎的収支の赤字脱却後も社会保障の抑制か増税が必要」（大和総研エコノミスト情報，2007年10月25日），データは Datastream による

年金は社会保険庁ではなくあなたの隣人の孫が払っている

　自分たちも払ったから，自分たちの後の世代から払ってもらうのも当然だという議論は正しいが，それは保険料率を同じにしてから主張すべきだ。図8-11は厚生労働省が説明している世代間扶養の仕組みだ。この図では，後の世代ほど負担が大きくなることは無視されている。

　親に年金のない世代は，自分で親を見たのだから，次の世代の保険料率を高めるのは当然だという議論もある。確かに親を見ただろうが，現在の年金ほどの高い仕送りをしてはいないはずだ。しかも，それも70年代中ごろまでのことだ。それ以降は生活できる年金が支払われている。保険料率を今後さらに引き上げる理由にはならない。

　すべての世代が同一の料率の保険料を支払うというシステムは，人口が減少する時代には，払えば損をすることになる。しかし，現在高齢者である世代が，子どもを生まなかったことの結果が少子化である。その結果は，自分で負担するしかない。

　年金とは，子ども，孫から親へのプレゼントである。社会保険庁という役所があるから，それが政府からのプレゼントであると誤解する。しかし，社会保険庁というベールを取り払ってみれば，それは自分か誰かの子どもや孫のプレゼントである。ベールを取ってみれば，年金保険料率の引き上げが不正義であるという私の意見に賛同してくださると思う。

　さらに，年金のために若い世代に過大な負担を課せば，労働意欲を阻害し，貯蓄率を低下させて資本蓄積を不十分なものとし，成長率を引き下げる。それを避けるためには高齢社会の負担を削減する

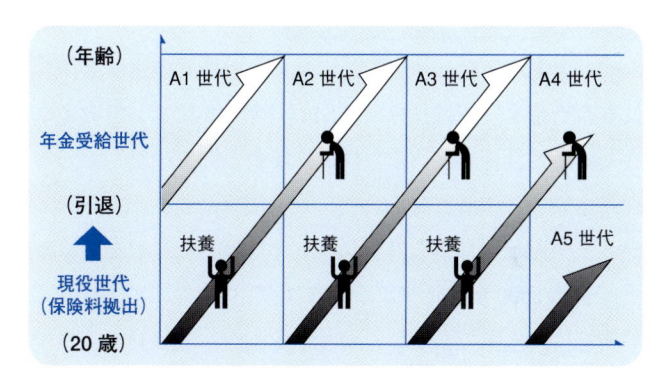

公正な年金とはどういうものか 203

図 8-11　公的年金制度における世代間扶養の仕組み
(出所)　厚生労働省「年金財政ホームページ」
斜めの帯のそれぞれは、同時期に 20 歳に到達したある世代が、時の経過により年齢が上がり、現役世代という支え手側から、年金受給世代という支えられる側へと移行する様子を示したもの。

コラム　年金給付額削減の試算

「家計調査報告」（総務省，2005年）によると，無職の高齢夫婦世帯（夫65歳以上，妻60歳以上の夫婦世帯）の生活必需支出（食費，住居費，被服費，光熱費，交通費，通信費，医療費などの合計）は月額15.1万円である。これに対して，公的年金受給額は，月額21.2万円と生活必需支出の1.4倍となっている。老後の基本的な生活を賄うための仕組みが公的年金であるとすれば，この0.4倍分のいくらかは削減してもよいということになるのではないか。

しかない。そうしなければ、若い世代の進取の気性を阻害し、技術の発展をも阻害する可能性がある。若い世代に過度の負担となる年金保険料、ひいては年金給付額をカットするしかない。

日本の公的年金は国際的に見ても高い

そもそも現在の年金は、国際的に見てどの程度の水準なのだろうか。日本の年金を、アメリカ、スウェーデンと比較してみよう。どちらも夫婦平均（スウェーデンは付加年金平均を加算）を日本の標準世帯と比較することとする。

表8-2で平均年金月額を為替レートで換算したものを見ると、日本の受給額は2000年改正後においてもアメリカ、スウェーデンに比べて非常に高水準であることがわかる。もっとも高いスウェーデンでも、日本の53.4％である。日本の年金給付水準は諸外国の倍以上である。こういえばすぐに、日本は物価が高いから比較できないという反論があるだろう。そこで、表では、各国の物価水準の違いを考慮して購買力平価により円換算して比較した数値も掲載してある。この場合でも、日本の受給額はやはり世界一高い。日本に次いで高いのは物価の安いアメリカになるが、それでも日本の75.8％でしかない。日本の年金給付水準は、世界一豊かなアメリカ、世界一の福祉国家であるスウェーデンと比べて概ね3割以上も高いのである。

また、日本は現時点では60歳支給である。段階的に引き上げられるといっても、完全に65歳支給になるのは男性2025年から、女性は2030年からである。現時点では受給者が平均寿命程度生きるとすると、60歳から80歳までの20年払いになる。

他国はすでに65歳支給になっているので、80歳まで生きても15年払いである。総受給額は3割（20年÷15年）高いことになる。

表 8-2　年金制度の国際比較

年金額等	日　本	アメリカ	スウェーデン
平均年金月額 [為替レート換算]	[2003年3月] 厚生年金 夫婦：236,000円 モデル年金（加入期間40年，専業主婦の場合）	[2002年] 単身：895ドル （112,770円） 夫婦：1,349ドル （169,974円）	[2003年] 男性・11,427クローネ （154,265円） 女性・7,628クローネ （102,978円）
平均年金月額 [購買力平価換算]	夫婦：236,000円	単身：129,175円 夫婦：194,701円	男性：159,529円 女性：106,492円
支給開始年齢 (2003年)	国民年金（基礎年金）： 65歳 厚生年金：60歳 ＊男子は2025年までに，女子は2030年までに，65歳に引上げ	65歳 ＊2027年までに67歳に引上げ	65歳 ＊61歳以降本人選択。ただし，保証年金の支給開始年齢は65歳

（出所）　http://www.mhlw.go.jp/topics/bukyoku/nenkin/nenkin/pdf/shogaikoku-comp.pdf
（資料）　Social Security Administration (2004) *Social Security Programs throughout the World: Europe* 他
1. スウェーデンについては新制度の内容を記載しているが，移行期間のため統計データは旧制度のものとなっている。
2. 各国通貨の換算レートは，日本銀行「基準外国為替相場及び裁定外国為替相場」よりそれぞれの調査年の平均レートを算出。
3. 購買力平価は OECD, GDP PPPs and Derived Indices for all OECD Countries (http://www.oecd.org/dataoecd/61/54/18598754.pdf) による。
4. 年金の国際比較については，国によって受給権を得るための最低加入期間に差があるので，この平均年金月額で年金水準を単純に比較することはできない。
5. 出所の資料では，厚生年金全受給者のうち，原則20年以上厚生年金に加入した受給者についての厚生年金及び基礎年金受給額の平均173,565円が記載されているが，モデル世帯の年金23.6万円を記載した（厚生労働省が税調に提出した資料　http://www.mof.go.jp/singikai/zeicho/siryou/kiso28a.pdf の2頁参照）。

つまりアメリカに比べて、購買力平価で見た月額でも、受給期間でも3割高いことになり、実質的な格差は1.7倍ということになる。実際には、他国は日本の60％の水準にすぎないのである。

日本の年金は日本の物価水準の高さを調整しても、世界一高い。年金を早期にカットし、受給年齢を65歳に引き上げることができれば、現在の年金保険料を引き上げる必要はなくなる（ただし、国民年金では生活できないので、こちらは引き上げる必要がある）。すなわち、少子高齢社会の負担問題は解決できる。日本の年金を世界一豊かなアメリカと、世界一の福祉国家であるスウェーデン並みにするだけだから、日本の高齢者が生活できなくなるわけではない。アメリカ、スウェーデン並みの生活水準になるだけだ。

● 高齢者同士の助け合いも必要

高齢者は平均としては豊かである。また、格差の多い世代でもある。生まれたときは無一物でも、年を重ねるごとに差がついてくるのはやむを得ない。人々の所得の差は、意志と能力と努力と運とで決まる。運の勝負は止めろというのが正しいとは思わない。人生では、意志と能力と努力と運とは区別できないことが多い。人々が自らの意志で努力し、リスクを負担するのを制約すれば、高齢社会に向かう日本は、貧しくつまらない国になってしまうだろう。

豊かな人を引きずり下ろす必要はないが、貧しい人々があるレベルに踏みとどまることができるようにしておくことは必要だ。年金制度はこのセイフティネットを与える。スリム化されているが、なくなるのではない。年金財政が破綻して、ある特定の世代から大幅に削減されるのではないかと心配する必要のない年金を作るべきだ。そのためには、豊かな高齢者にも年金保険料に代替するものを負担

コラム　日本の年金は本当に高いのか

　本書では，日本の年金は先進国の中でも高いとしているが，「平成20年度経済財政白書」（内閣府）では，日本の年金給付額は先進諸国のうちで中位であると試算している。なぜそんな結果になったのかというと，2つのトリックがある。

　一つは，男性単独の年金給付額を見ているからである。ところが，妻が専業主婦である夫婦で見れば，男性単独の給付額の約4割増しとなる。もう一つは，日本は18年後に完全に65歳支給となるにもかかわらず，現在すでに65歳以上支給であるかのように計算していることである。この2点を修正すれば，やはりアメリカ，イギリス，フランス，ドイツ，スウェーデンを上回り，ほぼ世界一高い年金支給額となる。一人当たりGDPが日本の2倍，世界一所得の高いルクセンブルクよりは低いが，それは仕方がない。

コラム　豊かな高齢世代

　人口減少社会では，年金や医療保険の負担は重くなるが，すべての高齢者が若者の負担において扶養することが必要なほど困窮しているわけではない。少なくとも平均で見れば，一人当たりの所得や貯蓄残高は高齢者層のほうが豊かである。

　年齢ごとの世帯一人当たりの所得を見ると，40歳代以下は平均の年229万円を下回り，60歳代は平均以上で234万円である。70歳以上でも228万円で40歳代以下より高い。同じことは資産でもいえ，40歳代や50歳代の世帯では，それぞれ1,051万円，1,602万円の貯蓄で877万円，538万円の負債（大部分が住宅ローン）を抱えている。

　これに対して，60歳代では2063万円の貯蓄を持ち，負債は238万円である。70歳以上でも貯蓄は1987万円と高水準を維持しており，負債は238万円まで減っている。高齢者層ほど豊かであることが，所得で見る以上に鮮明である（以上の数字は，平均であって，必ずしも同一の人物が資産と負債の両方を同時に持っているわけではない）。

　金融資産以外の実物資産（大半は住宅・宅地資産）を見ても，40歳代では2,260万円であるのに対して，60歳代では3,303万円，70歳以上では3,478万円となっている（以上，所得，資産の数字は総務省「全国消費実態調査」2004年，にもとづく。単身世帯を含む総世帯，サラリーマンと自営業を合わせた全世帯）。

してもらう必要もある。

　一番簡単な方法は，年金を含めたすべての所得を合算し，それに累進課税をすることだ。年金を所得と別に考えて軽課する必要はない。年金は，保険料を拠出する時点で所得控除されているのだから，それで十分だろう。高齢世代の生活水準は，究極的には，現役世代の豊かさに依存している。現役世代が豊かであれば，高齢世代も豊かな生活を送れるが，そうでなければ諦めるしかない。

皆で働けばよい

　人口減少社会とは，生産年齢人口が減少していく社会である。そうであるなら，より多くの人が働けばよい。人口減少社会は，生産年齢人口に対して，高齢人口が増大する社会である。であるなら，これまで働いていなかった人々が働くようにすることが必要だ。政府も図8-12に示すような取り組みも行っている。

　もちろん，高齢者が働き続けるためには雇用システムが変わらなければならない。だが，90年代の大停滞期に，働く人個人の企業への貢献をできる限り明らかにしようというさまざまな試みがなされた。個人の貢献がわかれば，貢献に応じた報酬を支払える。報酬が貢献に応じたものなら，企業はいくらでも高齢者を雇うことができるだろう。高齢者もいつまでも働けることになる。

● 楽しい人口減少社会

　多くの人々は，人口減少・少子高齢社会を暗いものとイメージしている。確かに，人口の40％以上となる高齢者が，減少する現役世代の負担となれば，それは活力のある社会ではないだろう。

　しかし，高齢社会の負担を削減する制度改革が実現し，現役世代への過大な負担が抑制されれば心配するには及ばない。

```
┌─────────────────────────────────────────────────────────┐
│ 高年齢者雇用安定法（高年齢者等の雇用の安定等に関する法律）│
│           の一部を改正する法律の概要                     │
└─────────────────────────────────────────────────────────┘
```

【背景】

```
┌──────────────────────┐  ┌──────────────────────┐
│ 少子高齢化の進展（労働力│  │ 年金支給開始年齢の引上げ│
│ 人口の減少）の中での高齢│  │ の中での，生計維持のため│
│ 労働力の活用           │  │ の収入確保，社会保障制度│
│〈経済社会の活力の維持〉 │  │ の支え手の確保         │
└──────────────────────┘  └──────────────────────┘
              ↓
┌──────────────────────────────────────┐
│ 高齢者が社会の支え手として活躍できるよう │
│ 65歳まで働ける労働市場の整備が必要       │
└──────────────────────────────────────┘
```

【改正の内容】

① 65歳までの雇用の確保

○65歳までの定年の引上げ，継続雇用制度の導入等を求める。
○ただし，労使協定により継続雇用制度の対象となる労働者に係る基準を定めたときは，希望者全員を対象としない制度も可能とする。
○なお，施行より政令で定める日までの間（当面大企業は平成21年3月31日まで，中小企業（常時雇用する労働者数が300人以下の企業）は平成23年3月31日まで）は，労使協定ではなく就業規則等に当該基準を定めることを可能とする。
○定年の引上げ，継続雇用制度の導入等の年齢は年金支給開始年齢の引上げに合わせ，2013年度（平成25年度）までに段階的に引き上げる。

② 中高年齢者の再就職の促進

○労働者の募集・採用にあたって，事業主が上限年齢を設定する場合に，書面等により，その理由の明示を求める。
○事業主都合で離職を余儀なくされる高年齢者等に対して，事業主がその職務経歴や能力等を記載した書面を交付することを求める。

③ 多様な就業機会の確保

○シルバー人材センターが臨時的かつ短期的な又は軽易な業務に係る労働者派遣事業を行う場合について，特例（許可を届出とする）を設ける。

【施行期日】
　　②及び③については，平成16年12月1日，①については，平成18年4月1日

図8-12　高齢者雇用安定法の改正（2004年）の概要

（出所）　厚生労働省HP
改正法では，高年齢者の安定した雇用の確保等を図るため，事業主が①定年の引上げ，②継続雇用制度の導入，③定年の定めの廃止，のいずれかの措置を講じなければならないこととするとともに，高年齢者等の再就職の促進に関する措置を充実するほか，定年退職者等に対する臨時的かつ短期的な就業等の機会の確保に関する措置の充実を図っている。

人口が減少することにより，これまで日本人が享受できなかった，一人当たりの豊かな空間を享受できるようになる。人口が減少すれば，国土やすでにあるインフラを，より少ない人数でゆったりと使うことができる。日本人が生活の豊かさを実感できない理由の一つに，狭い住宅という問題がある。しかし，人口が減少すれば，住環境は改善する。住宅用地として利用するだけでなく，緑地や公園としての利用も増え，快適にすごせる環境が実現する。人口減少によって地価が下落し，住宅が所得しやすくなる。

私たちがヨーロッパや北米に行ったときに感ずる豊かさは，人口密度の低さが生む豊かさである。その豊かさを私たちのものにできる。通勤地獄や道路渋滞という問題も緩和される。確かに，人口が減少すれば，過密地域ではない地域での交通インフラの利用者はさらに減少する。しかしこれは，人口減少社会を暗くするわけではない。人口減少社会を明るいものにするためには，将来を見据えたインフラ整備が，一層重要になるということだ。

地方はどうなるのか

これまで述べたことは日本全体についてである。日本全体ではよいとしても，地域によっては，人口減少で大きな打撃を受ける地域があるだろうと，多くの人が心配しているだろう。確かに，その可能性は高い。図8-13に見るように人口集中地区（都市部）の人口は，総人口が停滞する中でも上昇している。また一般に，図8-14に見るように，大きな都市ほど人口や就業者の減少が少なくて済む傾向があるように見える。しかし，大きな都市であれば必ず発展し，小さな都市であれば必ず衰退するわけでもない。

図8-15は横軸に2000年の人口規模，縦軸に2030年までの生産年齢人口の予想変化率をとったものだが，傾向線は右上がりになる。

楽しい人口減少社会　　　　　　　　　　　211

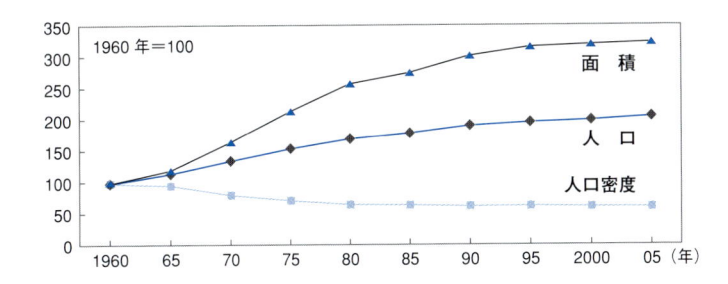

図 8-13　人口集中地区の面積，人口，人口密度の推移

（出所）　国土交通省「平成 18 年度　国土交通白書」
（資料）　総務省「国勢調査」より作成
人口集中地区は，国勢調査における概念で，都市的地域を表す。市区町村の境域内で人口密度の高い基本単位区（原則として人口密度が $1km^2$ 当たり 4,000 人以上）が隣接して，その人口が 5,000 人以上となる地域と定義される。

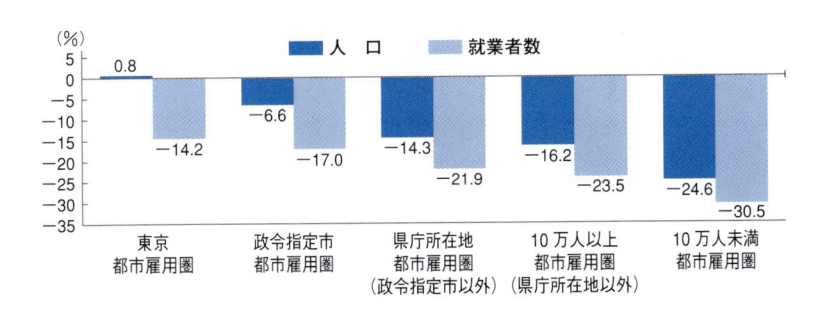

図 8-14　各都市雇用圏の推計人口

（出所）　国土交通省「平成 18 年度　国土交通白書」
（資料）　経済産業省「平成 17 年　地域経済研究会報告」より作成
総務省「平成 12 年　国勢調査」を基に推計した値。2000（平成 12）年からの 30 年間における変化を示したもの。

すなわち，現時点の人口規模が大きい地域ほど，人口移動を考慮した生産年齢人口の上昇率は大きい（日本全体の人口が減少しているので，減少率が小さい）。確かに，一度，人々が集まった都市には，継続的に人が集まり，それに失敗した都市では回復が難しいということが示されている。しかし，その程度は決定的に大きいものではない。

人口が50万程度までの都市では，現時点の人口規模が大きい都市ほど人口の成長が大きい傾向がある。しかし，人口が50万人を超えるとそのような傾向は消滅している。都市は，それぞれの工夫と偶然によって発展と衰退を経験している。また，人口の小さな都市は大きな都市に比べて成長率が低いという傾向があるのは事実だが，それは傾向にすぎず，多くの例外がある（鈴木・原田，2006）。

小さな都市で大きな成長を遂げている都市を見ると，工場誘致や工業都市として成功している都市，歴史的建造物「黒壁」を生かして商業で成功している都市，住宅都市（ベッドタウン）として存在感を示している都市などさまざまな都市が見られる。ベッドタウンでは他地域依存と見なされるかもしれないが，地理的条件だけではなく，都市アメニティなど住みやすさを追求した施策とそれを提供するさまざまな産業が必要だ。それぞれの地域が自らの自由な発想と自らの責任で地域を盛り上げていくということだ。

人口減少社会は怖くない

人口減少は怖くない。人口が減少しても，一人当たりの生産物が減少すると考える根拠はない。高齢化社会の負担はあるが，それは大きなものではない。これ以上，現役世代の負担を増やすことなく，世界一の年金水準を維持できる。現役世代に過大な負担を強いる年金制度は改革するしかない。

楽しい人口減少社会　　　　　　　　　213

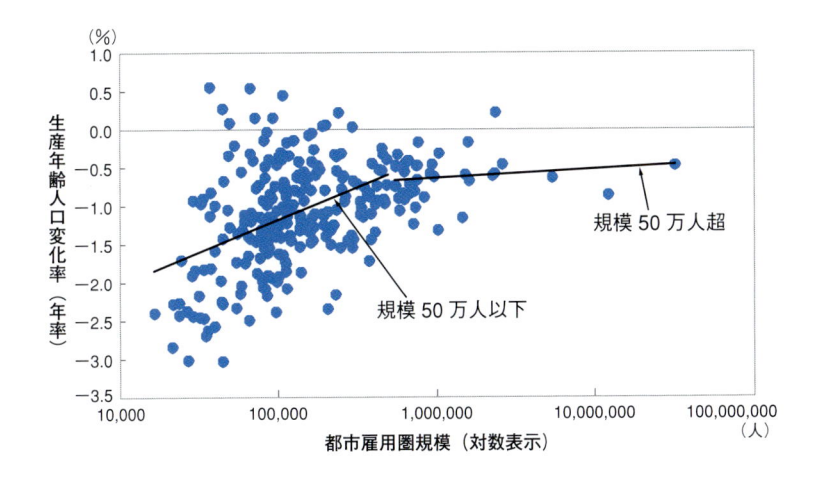

図 8-15　都市雇用圏の規模と生産年齢人口変動見通し

(出所)　国立社会保障・人口問題研究所（2003），経済産業省地域経済研究会（2005）等より大和総研作成

横軸は 2000 年の人口規模，縦軸は 2000 年から 2030 年にかけての生産年齢人口変化率。規模 50 万人以下については

$y = 0.3716 \ln(x) - 5.4612$　$(t = 6.70)$　$(t = -8.48)$　$R^2 = 0.1647$

規模 50 万人超については

$y = 0.0495 \ln(x) - 1.3325$　$(t = 0.88)$　$(t = -1.70)$　$R^2 = 0.0204$

しかも，人口減少そのものが生活の豊かさに直結する。過密状態が緩和されれば，住環境や交通混雑は改善される。地価は下落し，住宅は広くなる。さらに自然環境も保全され，これまでにない豊かさを享受できる可能性がある。ただし，人口減少社会に相応しい社会資本の整備を進めることが必要だ。日本の人口は，100年間に3倍の速度で増大してきた。この傾向が続くなら，確かに，どんな社会資本もいつかは使われるようになるだろう。しかし，人口が減少していく以上，過大な社会資本は，維持管理コストを高めて将来の負担となる。

人口減少は少しも危機ではない。人口ピラミッドの逆転すら危機ではない。本当の危機は，払い込んでいない年金や効率の低い医療費や介護費を，若者の負担によって受け取ろうとしていることだ。

● 財政はどうなるのか

年金問題は，年金をカットすることで解決できる。カットしても，世界的にはまだ高い年金を受け取れるとしても，将来の財政負担はどうなるのかという懸念があるかもしれない。たしかに，年金以外の社会保障支出も，図8-16に見るように急速に増えていくと見込まれている。

人口が減少すれば，一人当たりの所得は伸びるとしても，人口減少分，とくに生産年齢人口が減少する分だけトータルの所得は伸びにくくなる。すでに厖大な赤字を抱えて，将来の日本財政はどうなるのかという懸念がある。しかし，そう心配するにはおよばない。

日本の人口は減少していくが，この減少のスピードが続くとすると，950年後に最後の日本人が生まれることになる（ただし，私は，人口が減少すれば，日本は広々とした国になって気分が大きくなり，

財政はどうなるのか 215

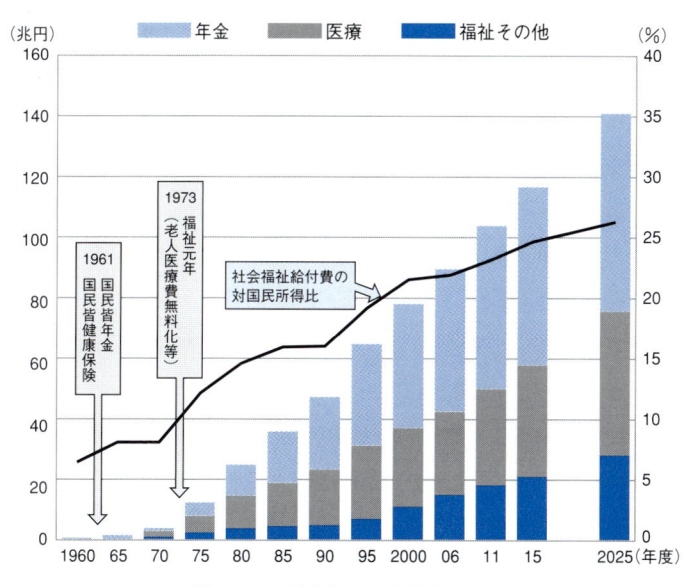

図8-16 社会保障の給付と負担

（出所）財務省「財政データ集」
1. 社会保障給付費とは、公的な社会保障制度の給付総額を示すものである。
2. 2000年度以前は「平成15年度 社会保障給付費」（平成17年9月 国立社会保障・人口問題研究所），「国民経済計算」（内閣府）等，2006年度以降は「社会保障の給付と負担の見通し」（平成18年5月 厚生労働省）のA（並の経済成長）ケースによる。なお，B（低めの経済成長）ケースによると，2025年度の社会保障給付費は136兆円（国民所得比27.7％）と見通されている。
3. 2006年度以降は推計。2000年度の社会保障費総額78兆円に対し，2015年は116兆円，2025年は141兆円と予測されている。

どこかで人口が反転すると考えている)。この最後の日本人は，日本のすべての負債と資産の相続人になる。

国債は，政府からみれば「国民に負った債務」だが，国債を保有している国民にとっては「政府に貸し付けた資産」である。1億2800万人の国民がいる現在では，政府と国民は異なるものと理解されている。しかし，日本人がただ1人となる950年後では，政府と国民は一体である。すると，最後の日本人は，政府としては巨額の負債を抱えているが，国民としては巨額の国債という資産を保有している。負債の額と資産の額は同じであるから，全体としては相殺される。950年後には，国債のことなど何も心配することはないということになる。

本当にそう考えていいのだろうか。最後の1人になる前にはどうなるのか。人口が1000万になったときには，多くの人が国債を遺産として相続し，かつ，その国債の利払いのために課税されていることが実感できるようになるだろう。人口が100万になればなおさらだ。

そもそも，国債は何のために発行されていたのか。もちろん，公共事業のためにだ。すなわち，950年後には「政府の債務」と「国債という国民の資産」と「公共事業によって作られた社会インフラ」が残っているはずだ。この社会インフラが有益なものであれば，最後の日本人にとって，政府の債務と国債という国民の資産を合わせるとゼロになるが，社会インフラの相続人として利益を得るということになる。

しかし，このインフラが車の走らない道路，船の来ない港，飛行機の飛ばない空港，客の来ない官業のホテル，第3セクターのテナントの入らない商業施設であれば，最後の日本人は何の利益も得ら

表8-3 主な歳出面の構造改革

	2004（平成16）年度	2005（平成17）年度	2006（平成18）年度
歳出の抑制	2006（平成18）年度までの間、政府の大きさ（一般政府の支出規模の名目GDP比）が2002（平成14）年度の水準を上回らない程度とすることを目指す。（「改革と展望―2004年度改定」）		
	一般歳出・一般会計歳出を実質的に前年度の水準以下に抑制	一般歳出を3年ぶりに前年度の水準以下に抑制	一般歳出を2年連続で前年度の水準以下に抑制。一般会計歳出を前年度の水準以下に抑制し、8年ぶりに70兆円台へ
社会保障	年金制度改革、医療制度改革（診療報酬・薬価等改定）、生活保護制度の見直し	・介護保険における利用者負担の適正化 ・国民健康保険制度における都道府県負担の導入	医療制度改革、診療報酬改定、介護報酬改定による公的医療給付費の抑制
公共事業	公共事業関係費を対前年度比3％以上削減しつつ、重点化・効率化を推進		
国と地方	三位一体改革 平成18年度までに4兆円を上回る補助金改革、3兆円規模の税源移譲、地方交付税の見直しを実現（政府・与党合意〈平成17年11月30日〉）		
その他	特別会計の見直し		
予算配分の重点化	「活力ある社会・経済の実現に向けた重点4分野」 ① 人間力の向上・発揮―教育・文化、科学技術、IT ② 個性と工夫に満ちた魅力ある都市と地方 ③ 公平で安心な高齢化社会・少子化対策 ④ 循環型社会の構築・地球環境問題への対応		
予算制度改革	「モデル事業」 定量的な目標設定の下、効率的な予算執行を行い、事後に目標の達成状況を評価 （平成16年度；10事業、17年度；44事業）	「成果重視事業」 モデル事業の一般化への取組として、政策評価との連携を強化 （2006年度；71事業）	
	「政策群」 民間の潜在力を最大限引き出すための制度改革・規制改革等の施策と予算の組合せ （平成16年度；10政策群、17年度；18政策群、18年度；18政策群）		

（出所）内閣府「平成18年　経済財政白書」

れないことになる。

　では，増税が行われて国債は償還されていたが，政府の支出構造に何の変化もなかったと仮定したらどうだろうか。そのときには，政府の債務も国債という国民の資産もないが，無駄なインフラだけがあることになる。政府の債務としての国債と国民の資産としての国債は同じものだから，最後の日本人にとっては，あってもなくても同じである。増税しても，最後の日本人は，無駄なインフラを相続するだけである。

　すべての公共事業が無駄だというつもりはないが，国債も発行せず，増税もしなければ，政府にはお金がなく，お金がないなら政府は必要性の低い公共事業や政府支出から順番に削減していくだろう。そうすれば，最後の日本人は，無駄なインフラではなくて，もっと有益な資本設備を相続することになるに違いない。もちろん，国債が発行されていなければ，国民は，投資ではなくて消費をしていたかもしれない。この場合には最後の日本人には何も残らないが，ご先祖様は消費を楽しんだわけだ。それはそれで仕方がない。

　無駄な投資では，それによって仕事を与えられた人しか楽しめない。同じショッピングセンターへの投資でも，政府ではなく民間が投資したのなら，よりテナントが入っているだろう。外国企業に投資していれば，海外からの配当収入が得られる。

　肝心なのは，無駄な支出をしないということで，国債発行の額ではない。増税して国債発行額を減らしても，無駄な支出が減らなければ何の意味もない。

　以上の説明で納得されない方も多いかもしれない。そんな方にはよいニュースがある。デフレが終わり，名目GDPの回復とともに税収が急拡大している（2007年度と2008年度には資源価格高騰と

財政はどうなるのか

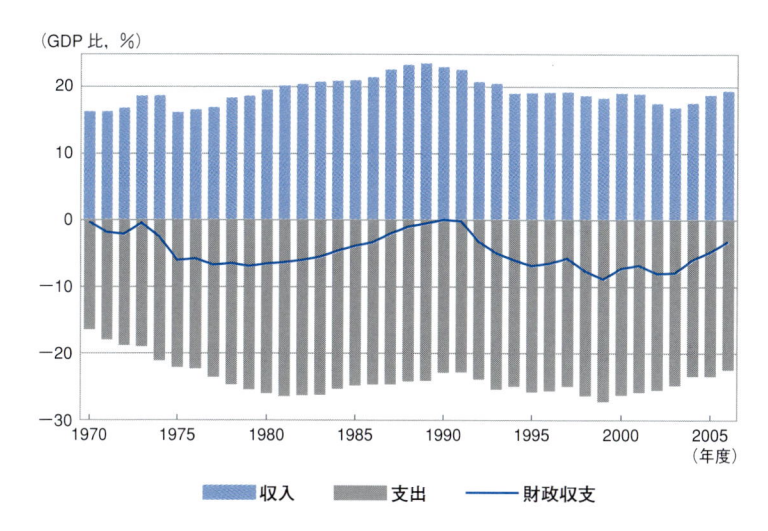

(GDP比, %)

■ 収入　■ 支出　— 財政収支

図8-17　中央・地方政府の財政収支

(出所)　内閣府「国民経済計算」
1. 1989年度以前は68SNAベース。
2. 収入と支出で両建の中央政府と地方政府との間での資金移転は相殺している。
3. 一時的な要因での赤字増加は除外している。除外したのは次の3点である。第1に，1998年度における国鉄清算事業団債務と国有林野特別会計債務の中央政府による承継(約27兆円が中央政府の資本移転支払とされている)要因。第2は，道路公団民営化に伴い，中央政府が道路の底地部分の土地を約8兆円で2005年度に購入したとして記録されている要因。第3に，2006年度について，財政融資資金特別会計(現在の財政投融資特別会計)から一般政府への12兆円の資金繰入を除外した要因。なおこれは他の2つとは逆に，一次的な要因での収支改善を除外したものである。この他にも調整すべき特殊要因がいくつかあるが，金額の大きさから重要性を判断し，これ以外の特殊要因は無視している。

アメリカ発の金融危機による不況で税収も減少しているが）。2006年以降5年間，表8-3のように構造改革を進めて，支出増を抑制し，デフレになることがなければ，財政は再建に近づく（原田・取越，2007）。

現実に国と地方を合わせた財政収支を見ると，図8-17のようにトレンドとして改善していることがわかる。このトレンドを続けることは可能である。

コラム　財源があればよいのか

> 郵政民営化を実行しなければならない大きな理由は，郵貯や簡保が集めたお金が無駄な支出に回ってしまうということだった。
>
> 小泉純一郎元総理は，「郵政民営化の基本方針」パンフレット（2004年12月）において，
> 「郵貯や簡保の資金は，次第に使われ方が硬直化し，国鉄や道路公団などに見られたように大きな無駄を生じさせ，結局国民の税金で補填しなければならない例もありました。郵政民営化が実現すれば，350兆円もの膨大な資金が官でなく民間で有効に活用されるようになります」
> と語っている。
>
> お金があれば無駄に使われるのであれば，国債発行であろうが，郵貯・簡保であろうが，税金であろうが，お金を集める限り同じことだ。そう考えれば，財政再建は支出削減による無駄の排除が本質で，増税による財政再建では何ら事態は改善しないということだ（原田，2005）。

参考文献

第1章

伊藤元重・財務省財務総合政策研究所編著（2003）『日中関係の経済分析――空洞化論・中国脅威論の誤解』東洋経済新報社

原田　泰（1999）『図解　アジア経済』東洋経済新報社

チャールズ・I.ジョーンズ／香西　泰監訳（1999）『経済成長理論入門――新古典派から内生的成長理論へ』日本経済新聞社

ダグラス・C.ノース，ロバート・P.トマス／速水　融・穐本洋哉訳（1980）『西欧世界の勃興――新しい経済史の試み』ミネルヴァ書房

ロバート・J.バロー／大住圭介・大坂　仁訳（2001）『経済成長の決定要因――クロス・カントリー実証研究』九州大学出版会

ウィリアム・J.バーンスタイン／徳川家広訳（2006）『「豊かさ」の誕生』日本経済新聞社

アンガス・マディソン／金森久雄監訳・政治経済研究所訳（2000）『世界経済の成長史1820～1992年――199カ国を対象とする分析と推計』東洋経済新報社

同（2004）『経済統計で見る世界経済2000年史』柏書房

第2章

井堀利宏（2004）『入門　ミクロ経済学［第2版］』新世社

岩田規久男・宮川　努編（2003）『失われた10年の真因は何か』東洋経済新報社

経済企画庁（現　内閣府）（1981）「経済白書　昭和56年版」

権　赫旭・深尾京司（2007）「失われた10年にTFP上昇はなぜ停滞したか――製造業企業データによる実証分析」（林　文夫編著『経済停滞の原因と制度』）勁草書房

林　文夫（2003）「構造改革なくして成長なし」（岩田規久男・宮川　努

編『失われた10年の真因は何か』）東洋経済新報社
原田　泰（1998）『1970年体制の終焉』東洋経済新報社
原田　泰（2007）「「生産性低下論」は根拠がない」（「エコノミスト」2007年7月17日号）毎日新聞社
増田悦佐（2002）「都市再生こそ日本経済活性化の王道」（「エコノミックス」第7号, 2002年春）東洋経済新報社
宮川　努（2003）「「失われた10年」と産業構造の転換——なぜ新しい成長産業が生まれないのか」（岩田規久男・宮川　努編『失われた10年の真因は何か』第1章）東洋経済新報社

第3章

原田　泰・松谷萬太郎（2007）「国際価格で評価した産業別労働生産性計測の試み」（大和総研エコノミスト情報, 2007年5月15日）

第4章

経済企画庁経済研究所国民所得部（2000）『新SNA入門——経済を測る新しい物さし』東洋経済新報社
日本銀行百年史編纂委員会（1986）『日本銀行百年史〈第6巻〉』日本銀行
大蔵省財政史室編（2000）『昭和財政史 昭和27〜48年度〈第1巻〉——総説』東洋経済新報社

第5章

岩田規久男（2008）『景気ってなんだろう』筑摩書房
清水啓典（1997）『マクロ経済学の進歩と金融政策——合理的期待の政策的意味』有斐閣
ロバート・M.ソロー, ジョン・B.テイラー, ベンジャミン・M.フリードマン／秋葉弘哉・大野裕之訳（1999）『インフレ, 雇用, そして金

融政策——現代経済学の中心的課題』ピアソン・エデュケーション

三木谷良一・アダム・S.ポーゼン編／清水啓典監訳（2001）『日本の金融危機——米国の経験と日本への教訓』東洋経済新報社

ベン・バーナンケ（2001）「自ら機能麻痺に陥った日本の金融政策」（三木谷良一・アダム・S.ポーゼン編／清水啓典監訳『日本の金融危機——米国の経験と日本への教訓』第6章）東洋経済新報社

デビット・ローマー／堀　雅博ほか訳（1998）『上級マクロ経済学』日本評論社

第6章

大竹文雄（2005）『日本の不平等——格差社会の幻想と未来』日本経済新聞社

太田　清（2005）「フリーターの増加と労働所得格差の拡大」（ESRI Discussion Paper Series, No.140）内閣府経済社会総合研究所

経済企画庁（現　内閣府）（1994）『世界経済白書 平成6年版』

原田　泰（2007）『日本国の原則——自由と民主主義を問い直す』日本経済新聞出版社

原田　泰・阿部一知（2006）「ニート，フリーター，若年失業とマクロ的な経済環境」（樋口美雄・財務総合政策研究所編著『転換期の雇用・能力開発支援の経済政策——非正規雇用からプロフェッショナルまで』）日本評論社

原田　泰・鈴木　準（2005）「小さな地域でも経済は活性化できる」（「エコノミスト」2005年12月26日号）毎日新聞社

本田由紀（2006）「第Ⅰ部：「現実」——「ニート」論という奇妙な幻影」（本田由紀・内藤朝雄・後藤和智『「ニート」って言うな！』）光文社

森信茂樹（2007）『抜本的税制改革と消費税——経済成長を支える税制へ』大蔵財務協会

第7章

鈴木雄介(2004)「エコノミストの眼：日中貿易と日亜貿易」(「The World Compass」2004年6月, pp.18-19) 三井物産戦略研究所

トマス・フリードマン/東江一紀訳(2000)『レクサスとオリーブの木——グローバリゼーションの正体〈上・下巻〉』草思社

原田　泰・熊谷　聡(2004)「強い「国際競争力」は暮らしを豊かにするか？」(大和総研エコノミスト情報, 2005年3月3日)

原田　泰・熊谷　聡(2004)「中国の発展は日本の利益になっていた」(大和総研エコノミスト情報, 2004年4月27日)

原田　泰・熊谷　聡(2006)「アジア共同体は存在しない」(大和総研エコノミスト情報, 2006年5月31日)

第8章

飯田晴海(2005)「日本の地域社会と外国人労働者政策の展望」(『共に生きる社会目指して——多文化社会へ向けた政策課題』) 総合研究開発機構

社会経済生産性本部編(2007)『労働生産性の国際比較 2007年版』

原田　泰(2008)「財政の健全化は何よりも優先されるべき問題か？」(「経済セミナー」2008年5月号) 日本評論社

原田　泰・阿部一知(2008)「どうしたら子供を増やすことができるのか」(「会計検査研究」第38号, 2008年9月) 会計検査院

原田　泰・鈴木　準(2005)「小さな地域でも経済は活性化できる」(「エコノミスト」2005年12月26日号) 毎日新聞社

原田　泰・鈴木　準・長内　智(2007)「基礎的収支の赤字脱却後も社会保障の抑制か増税が必要」(大和総研エコノミスト情報, 2007年10月25日)

索　引

ア　行

アジアの停滞　8

インフレーション　102

失われた十年　34

永久債権　118

オークン（Arthur M. Okun）　108
　——係数　108
　——法則　108
大阪万国博覧会　94
オリンピック不況　86

カ　行

外国人労働者　192
格差　126
　——社会　126
為替レート　3, 50

機会費用　190
技術水準　26
キャッチアップ　16
供給量　112
金融緩和（引締）政策　80
金利　78
　——変動　123

グローバリゼーション　136, 148

経済統合　166
経済発展（成長）　12
経済変動　66
経済連携協定（EPA）　164
ケインズ（John M. Keynes）　70
減価償却　69
　——費　69

交易条件　162
恒常所得　76
　——理論　74
購買力平価（PPP）　2, 3, 50
　——ドル　2
高齢化　128, 194
コールレート　80
国債　118
国際競争力　152, 157
国内産業　154
国内総生産（GDP）　3
国民総所得（GNI）　2
コブ（Charles Cobb）　27
コブ＝ダグラス型の関数　27
コペンハーゲン基準　173

サ　行

債券価格　123
財政再建　220
財政負担　220
札幌冬季オリンピック　88
産業革命　6
産業付加価値　56
三面等価の原則　68

資産価格　82
支出　68
　——面　68
時短（時間短縮）　40, 41
失業　102
実質GDP　24, 70
実質賃金　44
私的所有権の確立　12
ジニ係数　130
資本　26
　——投入　38
　——の成長率　28
若年失業者　132
自由貿易協定（FTA）　166

索引

乗数　72, 77
消費　68
ショック　80
所得収斂仮説　10
所得発散　8
所得分配　126
人口減少　184
　——社会　208
人口ピラミッド　188

生活水準　50, 154
生活保護　198
生産　68
　——面　68
成長会計　26
成長屈折　30
　1970年代の——　30, 33
　1990年代の——　32
世界の市場　186
石油ショック　30
設備投資　38
全要素生産性（TFP）　26
　——上昇率（技術進歩率）　28

ソロー（Robert M. Solow）　113

タ　行

対実質GDP　24
ダグラス（Paul Douglas）　27
ダグラス有沢の法則　139
男女雇用機会均等法格差　138

地域間の所得格差　142
直接投資　176

デフレーション　122

東京オリンピック　88
投資　68
富　150

ナ　行

長野冬季オリンピック　88

ニート　132, 133

年金　198

ノース（Dauglas C. North）　12

ハ　行

バーンスタイン（William J. Bernstein）　12
ハイパワードマネー　118
バブル経済　33
万博不況　94

比較優位の原理　152

フィリップス（Alban W. Phillips）　102
　——・カーブ　102
付加価値　66
物価　112
　——水準　112
負の所得税　145, 146
フリーター　132
フリードマン（Thomas L. Friedman）　148
分配　68
　——面　68

貿易　150
　——歪曲効果　178

マ　行

マクロ計量モデル　75
貧しい国　2
マディソン（Angus Maddison）　14
マネー（貨幣）　118
　——サプライ　80, 112

──の流通速度　117
マネタリーベース　80

見えない協力関係　181

無限等比級数　82

名目GDP　70
メルコスール（南米南部共同市場）　165

ヤ　行

郵政民営化　220
輸出価格　162
輸出産業　154
豊かな国　2
輸入価格　162

ラ　行

ライフサイクル仮説　74

リカード（David Ricardo）　152

労働　26
　──生産性　57
　──投入　38
　──の成長率　28
　──分配率　28

ワ　行

若者の雇用悪化　130

数字・欧字

1969年不況　90
ASEAN（東南アジア諸国連合）　30, 165
ASEAN4　2
BRICs　2
EL KLEMSデータベース　56, 57
EPA（経済連携協定）　164
EU（欧州連合）　165
FTA（自由貿易協定）　166
G7　154
GDP（国内総生産）　3, 66
GNI（国民総所得）　2
IMF（国際通貨基金）　94
ISモデル　70
NAFTA（北米自由貿易協定）　165
NIEs（新興工業経済地域）　30
OECD（経済協力開発機構）　48
TFP（全要素生産性）　26, 37
WTO（世界貿易機関）　178

著者略歴

原田　泰
（はら　だ　ゆたか）

株式会社大和総研チーフエコノミスト。1950年生まれ。1974年東京大学卒業後，同年経済企画庁入庁，ハワイ大学経済学修士，経済企画庁国民生活調査課長，同海外調査課長，財務省財務総合政策研究所次長などを経る。

主要著書

『日本国の原則──自由と民主主義を問い直す』（日本経済新聞出版社, 2007）石橋湛山賞受賞
『人口減少社会は怖くない』（共著）（日本評論社, 2005）
『昭和恐慌の研究』（分担執筆）（東洋経済新報社, 2004）日経・経済図書文化賞受賞
『長期不況の理論と実証──日本経済の停滞と金融政策』（共著）（東洋経済新報社, 2004）
『奇妙な経済学を語る人々──エコノミストは信用できるか』（日本経済新聞社, 2003）
『日本の「大停滞」が終わる日』（日本評論社, 2003）
『最新 アジア経済と日本──新世紀の協力ビジョン』（共著）（日本評論社, 2001）
『都市の魅力学』（文藝春秋・文春新書, 2001）
『日本の失われた十年──失敗の本質・復活への戦略』（日本経済新聞社, 1999）
『1970年体制の終焉』（東洋経済新報社, 1998）
『日米関係の経済史』（筑摩書房・ちくま新書, 1995）　など。

コンパクト 経済学ライブラリ＝7
コンパクト 日本経済論

2008年12月25日© 　　　　　　　　　初　版　発　行

著　者　原田　泰　　　　　　発行者　木下　敏孝
　　　　　　　　　　　　　　印刷者　山岡　景仁
　　　　　　　　　　　　　　製本者　石毛　良治

【発行】　　　　　　　**株式会社　新世社**
〒151-0051　　東京都渋谷区千駄ヶ谷1丁目3番25号
☎(03)5474-8818(代)　　　　　　　サイエンスビル

【発売】　　　　　　　**株式会社　サイエンス社**
〒151-0051　　東京都渋谷区千駄ヶ谷1丁目3番25号
営業 ☎(03)5474-8500(代)　　　　　振替 00170-7-2387
FAX ☎(03)5474-8900

印刷　三美印刷　　製本　ブックアート
《検印省略》

本書の内容を無断で複写複製することは，著作者および出版者の権利を侵害することがありますので，その場合にはあらかじめ小社あて許諾をお求め下さい。

ISBN978-4-88384-132-5
PRINTED IN JAPAN

サイエンス社・新世社のホームページのご案内
http://www.saiensu.co.jp
ご意見・ご要望は
shin@saiensu.co.jp　まで。

コンパクト 経済学ライブラリ 2

コンパクト マクロ経済学

飯田泰之・中里 透 共著
四六判／208頁／本体1800円（税抜き）

本書はマクロ経済学の「入門の入門書」である．初めて学ぶ大学生や短時間で基礎的知識を整理し直したい社会人の方，公務員試験や経済・経営系の資格試験を受験したい方のために，取り上げるトピックを精選し数学の使用をなるべく抑えて手軽に読み通せる構成とした．同時にPointで重要事項を整理し，図やコラムで内容を補填しながら学習できる．見開き・2色刷．

【主要目次】
マクロ経済学を学ぶ／財市場の均衡／金融市場の均衡／IS-LM分析／労働市場とAD-ASモデル／労働市場をめぐる議論／マクロ経済学の発展／マクロ経済学と日本経済

発行 新世社　　発売 サイエンス社